Catcher

一如《麥田捕手》的主角，
我們站在危險的崖邊，
抓住每一個跑向懸崖的孩子。
Catcher，是對孩子的一生守護。

接住墜落的
青少年
我與那些受傷的孩子，
及他們不安的家庭
蔡宜芳
（諮商心理師）

【推薦序】

那些千瘡百孔的孩子，需要我們守護

刑志彬（高雄師範大學諮商心理與復健諮商研究所助理教授）

「故事感動人的永遠都不是內容，而是故事人物本身豐富的情感！」我與宜芳諮商心理師已經熟識數年，從她進入台灣師範大學，接受諮商心理師的專業培訓時，我們就時常有一同討論實務工作的機會。

我對宜芳心理師最鮮明的印象，是她一股腦地投入與學生的輔導工作。宜芳心理師常常在專業督導的時間，來去匆匆、忙碌奔波，但只要一討論起學生會談的輔導情境，她總是比任何人都來得認真、不馬虎。那時，我對她百般欽佩，也不知不覺被她那份熱忱深深地打動。

不過，一直到我投入在《接住墜落的青少年——我與那些受傷的孩子，及他們不安的家庭》一書的文字裡，我才恍然發現那時候的感動，是源自於宜芳心理師這位專業的助人工作者，對於生命中所接觸的每個故事主角，即使只是一個孩子，她也流露出不捨、珍惜，並且帶著獨有的韌性與堅毅。尤其當她近年來成為兩個孩子的母親之後，那種真誠與熱忱，越發成熟。

縱使我自己從事輔導工作已經逾十年，但我仍覺得諮商心理或輔導工作是困難的，因為每一個走進我們生命中的人，都有屬於他們獨一無二的故事，有美妙、開心的地方，但是，也有讓我們心碎、悲傷的遭遇，尤其是看過許多被家庭傷得很深的孩子們，那種無助、不安、焦慮的情緒，更是翻湧在整個諮商室裡。

其實，許多時候，我們在學校的角色並不討喜，甚至受到質疑，因為我們往往是站在孩子的身旁，因此常受到上級長官、周遭同事的議論紛紛，但是，能夠為孩子說上幾句話，既是我們的職責，也是我們的想望。雖然我們遭受百般刁難，但只要想到孩子們心上的千瘡百孔，我們就始終能堅持駐守在那些孩子身旁。我希望每一個孩子就算無法選擇成長的環境，但至少能夠選擇自己想要的姿態面對生命，這是每一個孩子應有的權利。

我很喜歡宜芳諮商心理師在書中用三個角度來呈現文章，一個是自己的成長經驗，一個是孩子故事的角度，另一個則是用諮商心理師的專業角度，提出一些實務上的專業見解。因為大人對於孩子身上所經歷的事，始終不如孩子自己說得真實、貼近。透過「心理師想說」、「父母、老師可以怎麼做」，宜芳心理師分享了心理專業的觀點，陪伴、等待的歷程，並教導父母可以怎麼做，以及一些小練習，這不僅僅反映當前學校場域常見的一些需要被理解的孩子的類型，也進一步減少父母在協助某些孩子時的焦慮感受與負面情緒。而我認為宜芳心理師可以如此貼近孩子的生命脈絡，追根究柢，與她自己的就學經驗有很大的關聯。在這本書裡，她真實地爬梳與揭露自己的經驗，讓讀者貼近、理解她的觀點。

這是一本關於專業助人工作者、孩子，以及與孩子的環境所交織而成的故事的書，感人不已。這麼一本送禮自用兩相宜的好書，對於相關心理專業的工作者而言，不但有更多實務交流的機會，也讓對孩子擔心不已的辛苦父母，能夠找到施力的地方。

宜芳心理師這些年來潛心提升諮商輔導的實務能力，除了在學校輔導工作、家族治療、藝術治療領域之外，也在網路上書寫與心理專業相關的文章，協助民眾探究心理學的相關知識，因此，我也經常能在「女人迷」看到她撰寫的文章。

期待這本書，能讓大家更注重學校的輔導工作，也能讓我們一起幫助孩子在適合的環境裡長大，更讓大人們可以學習從孩子的角度，理解孩子。

【推薦序】

孩子說：「我好想從三樓跳下去。」

沈雅琪（資深教師／神老師）

在學校裡任教二十三年，我看過許多受傷的孩子。每一個孩子的背後都有一個傷心的故事。面對傷痛，他們說不出口、無法抵抗和反擊，卻以各種失序的行為和傷害自己的方式來求救。

十幾年前，我曾遇到一個女孩，她跟著單親的爸爸生活。爸爸說冬天很冷，要女兒跟他一起睡，每天晚上跟孩子玩壓制的遊戲。洗澡的時候，爸爸說要檢查她有沒有洗乾淨，會闖入門鎖早已壞了的浴室……她知道這樣不對，但是她推不開沉重的爸爸。每次洗澡，她都得緊張兮兮，深怕爸爸闖進來。

不知道該如何拒絕爸爸的她，對班上的男生充滿敵意，只要一點小事，就大吼大叫、崩潰大哭。

另外一個在學校很開朗、活潑的孩子，每天晚上卻都得承受患有精神疾病的媽媽發病時的吵鬧、摔東西和尖叫。有一次，媽媽又發病大哭大鬧，孩子受不了。孩子用毛巾緊緊勒住自己的脖子，但沒能結束生命，卻在脖子上留下明顯的勒痕。

而如果沒有那道勒痕和滿臉的哭斑，我竟然沒辦法知道這孩子承受這麼重的壓力。

還有一個是轉學來的孩子，他攻擊性超強，一不順心，就直接朝同學的喉嚨和下體打去。在上一所學校，這孩子對於同學對他的排斥、老師的不接納、老師與媽媽之間的衝突……不斷讓他傷了同學，也傷了自己。媽媽更為了他的行為，陷入嚴重憂鬱。雖然孩子最後換了環境，但還是需要花很多很多時間來修復。

而我永遠無法忘記那位媽媽告訴我，如果當年不是有我們幫忙，讓孩子接受心理諮商，她幾乎都快活不下去了。

另外一個是在球隊裡被教練放棄的孩子。他受到隊員的冷嘲熱諷，對課業也完全放棄。但沒想到，他攻擊起自己的手，把手剝到體無完膚。跟我對話時，身體焦慮到不斷的搖晃，說沒兩句話就情緒失控。

而在一次上課跟同學發生衝突時，那孩子告訴主任，「我好想從三樓跳下去。」

沒有安全感的孩子，用憤怒來掩飾心裡的害怕；對生活感到絕望的孩子，用結束生命逃避現實；對環境失去信任的孩子，用暴力來武裝自己；被放棄的孩子想要從世界消失……要讓受傷的孩子重拾對人性的信任，我們得想辦法看見這些孩子心裡的傷，接納他的樣子，並不斷的替孩子想辦法。如果這條路不通，就再換另一條，一定有方法能接住這些陷入困境的孩子。

學校的輔導老師替孩子們、還有媽媽，安排了心理諮商。透過心理師的介入，讓孩子們卸下心防，重新跟現實連結，說出心裡的傷痛，也跟老師、父母一起想辦法解決問題。

宜芳諮商心理師寫的這本書裡，有好多讓我似曾相識的孩子，自殘、拒學、說謊、霸凌……回想我當時處理時，有對每個孩子的不捨，也有解決每一個事件的困難，以及不斷努力嘗試，卻找不到方法的過程，真令人無助。

而這本書裡，用了很多真實的案例，讓我們跳脫孩子照顧者的角色，透過諮商心理師的角度，看見孩子這些看似叛逆、失序的行為背後的原因，也提供了很多實務的經驗，能讓我們用不同的角度，看到孩子想透露出來的訊息，也更貼近孩子真實的感受。

這是一門不管老師或家長都應該要正視的課題。我們都該讓孩子好好活著，好好長大。

【推薦序】

為什麼孩子總是有苦難言？

陳志恆（諮商心理師／臺灣NLP學會副理事長／暢銷作家）

孩子遇到困境時，會怎麼求救呢？他們會大喊：「救命呀，快救救我吧！」嗎？並不會。

小一點的孩子，會用「哭泣」來表達痛苦；而大一點的孩子，則常用「問題行為」來呼救。但你肯定會很疑惑，孩子是用「說謊、偷竊、暴力、退縮、憂鬱、暴怒、欺騙」等問題行為來呼救嗎？

不過，如果你是長期在校園中深耕學生輔導的專業人員，那麼肯定知道我在說什麼。就如同這本書的作者蔡宜芳諮商心理師，本著心理諮商的專業，在國中校園現場擔任輔導教師，每天面對大量有著情緒、行為與適應困境的孩子。宜芳心理師對這樣的現象，理解甚多。

再回到「求救」這件事。孩子遇到困境，為什麼不直接說？不是請大人幫忙就好了？其實，他們通常都試過了，但不被大人理解、不被大人接受，甚至，還被罵得滿頭包。於是，孩子只得用「另類」方法去因應困境。而那些問題行為，正是為了因應困境而發展出來的「求生策略」。這份「求生策略」通常具有短暫的效果，但長期下來，卻會衍生出更多的副作用。

而此時，大人見到的，通常是那些帶有嚴重副作用的問題行為。大人想方設法予以矯正，用更大的力道，要求孩子改變，卻沒看見孩子的痛苦根源，反而讓孩子的狀況每況愈下，問題行為愈發嚴重。

有時候，我會在深夜時段，接到國、高中階段的孩子，在我臉書粉絲專頁的私訊裡留話，向我訴說自己的困擾。印象中有一次，有個女孩問我：

「我要怎麼知道，我是不是得了憂鬱症？」

除了提供一些憂鬱症自我評估的資源之外，我還順道問她，發生什麼事了。她告訴我，好一段時間與同學相處不來，總是看別人不順眼，別人也不喜歡她。

「這樣的事情，有誰知道呢？」我問。

「沒有人……」

「父母或家人，都不知道嗎？」

「他們不知道。我已經很久不跟他們講話了。」

原來，這孩子自從上國中以後，就不再主動找家人聊天。原因是，說什麼都被罵。她說：「他們不願理解我，只會說我不夠用功、不夠積極，可是我努力嘗試了，就是提不起勁。他們不願意聽我解釋，我也放棄向他們說明了。」

類似的案例，我遇過好多。讓我們不禁想問，這些大人，為什麼不願關心自己的孩子呢？不，他們也很愛孩子，也付出相當的心力，關注孩子的成長，只是用了無效的方法。

許多家長自己身上也有著諸多待處理的心理議題，包括因經濟、工作、健康、婚姻等重重困境帶來的精神壓力，以及來自原生家庭的影響，例如，年幼時沒有足夠被肯定、被尊重、被接納、被理解，甚至被忽略與侵害，這些成長過程中累積的傷害，無意識地帶到了新組成的家庭中，也無意識地複製到了下一代身上。

所以，他們即使愛著自己的孩子，但在內外交迫下，也不知道怎麼給出愛。愛得越用力，造成的傷害卻也越大，更把孩子的心給推遠了。

家庭，是孩子最重要的人際支持系統。當孩子遇到困境，而人際系統卻失靈時，便無法給提供孩子穩定與支持的力量，甚至，還會是孩子痛苦與壓力的來源。

不論在實務工作中，或社會新聞上，常可見那些在生活適應中有嚴重困擾的孩子。他們來自一個又一個的脆弱家庭，甚至家庭中還不只一個孩子有狀況。父母本身也自身難保，更無暇給孩子更多關愛與照料，可以說是弱勢中的弱勢。

從「創傷知情」的觀點來看，這些孩子如果繼續待在這樣的處境下，可以預料，他們未來在學習、就業、經濟、家庭及身心健康各方面，會比其他人經歷更多的失敗與困境。因此，如果孩子的身旁，能夠有個穩定陪伴的成人存在，持續給予孩子理解、關懷、肯定與認同，那麼，這孩子的命運可能就有機會被翻轉。

而學校的師長正是扮演這類穩定陪伴角色的最佳人選。

當家庭人際系統失靈時，如果校園人際系統能夠及時啟動，某種程度，便能緩衝孩子持續受到的身心傷害，而學校輔導教師正是持續扮演這樣的角色。輔導教師穿針引線地讓孩子在學校系統中的人際支持更加完善，就像編織起一張網，牢牢地接住孩子。

在蔡宜芳諮商心理師的新書《接住墜落的青少年——我與那些受傷的孩子，及他們不安的家庭》裡，所提到的各種案例，對我而言，都是這麼熟悉；但對一般大眾而言，卻可能難以置信。然而，透過這一則則的案例故事，我們有機會認識這些弱勢孩子的處境，我們有機會從他們身上，學習如何善待我們的孩子，甚至檢視我們自身與家庭的關係。

從孩子的故事中，你會看到孩子與家庭的關係是如何密不可分。或許孩子是想引發關注，或許是想證明價值，又或許是想尋求認同，甚至可能是為了保護家人。他們讓自己身陷險境，進入不安全的情感關係、放棄課業、選擇拒學、沉迷網路、說謊作弊、出現精神疾病……等。

謝謝宜芳寫了這本好書，為世間的大人帶來諸多提醒：我們都該學習如何成為更好的大人，給孩子更多成長的力量！

※陳志恆心理師，著有《正向聚焦》、《擁抱刺蝟孩子》、《受傷的孩子和壞掉的大人》、《叛逆有理、獨立無罪》、《從知道到做到》、《此人進廠維修中》等書。

目錄

目錄

輯二　家庭裡的泥沼

目錄

目錄

輯一 學習上的挫折

拔眉毛、拔頭髮

——媽媽每天幫她畫眉毛及編頭髮。那些無法說出口的壓力，彷若隨著一根根拔下的頭髮消逝而去

九年級的小雨看起來總是眉頭深鎖。小雨的表情冷冷的，但有時候，說著說著就無聲地掉下淚來。問小雨什麼事情這麼難過，她也說不上來。

龐大的課業壓力

我從導師那裡得知小雨有很大的課業壓力。小雨總是拚命的讀書，每天晚自習回家後，寫作業、讀書到半夜一兩點才睡。小雨想把考卷上每一個題目、每一題作業都弄懂，所以

拚命翻書，深怕自己漏了什麼。

有些同學晚上十點多會傳訊息，問小雨寫完作業了沒，說哪幾題不會寫。小雨很討厭朋友抄她的作業，但很怕沒有朋友的小雨，還是會把寫好的作業，拍照給同學。

小雨不只一次對我說：「其實，我不知道身邊的朋友是真心想跟我做朋友，還是他們只是因為想抄我作業，才跟我做朋友？」

對此，小雨的媽媽非常生氣，她覺得那些同學根本就是占小雨便宜。他們抄別人的作業，自己就有更多時間可以念書、拚成績。

連在火車上都在寫自修

有時候，小雨也不知道為什麼突然就掉眼淚，但小雨很討厭別人關心自己，她覺得那樣顯得自己很脆弱，她不想被人看穿。**小雨渴望有人能懂自己，卻又好強而壓抑。**

小雨覺得自己並不是很聰明的人，原本她的成績大概在班上十名左右，但她希望自己能考上前三志願，於是九上開始拚命讀書。小雨的成績出現顯著的進步，半年內從5B進步到了2A3B，但**小雨並沒有感到開心或放鬆。她好怕成績掉下去，於是花更多時間念書。**

到了假日，媽媽擔心小雨一直都沒有好好休息、放鬆，媽媽總會提議去哪裡走走或逛大賣場。小雨無法放下課本，但媽媽又希望小雨一定要出門，小雨只好帶著課本和自修，坐在賣場的角落看書。出遊和畢業旅行時，也是如此。小雨連在阿里山小火車上都在寫自修。

媽媽拿小雨沒辦法，只能安慰自己至少有帶小雨出去透透氣了。

爸爸對小雨的指責與咆哮

小雨緊張、焦慮的時候會拔眉毛、拔頭髮。對此，小雨爸爸的反應很激烈。他很擔心小雨會禿頭，只要發現地上有一撮撮的頭髮，就對小雨咆哮，指責小雨不愛惜自己身體。面對爸爸的指責，小雨感到十分自責，卻又無法控制不拔頭髮。

媽媽每天幫小雨畫眉毛，還有編頭髮，幫小雨掩飾因為拔頭髮而參差不齊的地方。

在諮商室中，小雨不想談拔頭髮的事情，她在乎的是課業成績有沒有進步。

媽媽很擔心小雨的狀況，幾乎每週都打電話來問我小雨講了什麼。基於諮商保密原則，除非個案有傷害自己、傷害別人、違反法律的狀況，我需要幫小雨保密。我告訴媽媽，如果我把小雨的狀況都和她說，可能小雨就不會再信任我了，但**需要讓媽媽知道的，我一定會講。**

雖然看起來談了很多，但我總覺得小雨和我之間彷彿隔著一道牆。彼此客客氣氣的，有問有答，但卻又感覺很難進入她的內心世界。

談了幾次，小雨就說她已經好多了，不想再來，深入了解後才知道，小雨也很怕媽媽知道她的事情。她說媽媽總是很焦慮、緊張。原來，**前幾次的她還在測試能不能信任我**，她想確認我是否真的會為她保密。

母女相處上的惡性循環

小雨常跟我說：「這件事情不能跟媽媽說。」小雨的媽媽也會打電話給我，跟我說：「這件事情不能讓小雨知道是我跟你說的喔！」**她們母女倆都很在意對方，但對彼此的關心，卻又不能明講**，彷彿怕對方生氣似的。

小雨說，有些事情媽媽如果知道，會很激動，所以她不想說。媽媽曾對她大聲咆哮：「我又沒有給你壓力，是你自己有問題，還想要隱瞞我！」小雨覺得很委屈，因此更不想要和媽媽說自己的事了。

但小雨越是不說，媽媽就越是擔心。小雨覺得媽媽的擔心是多餘的，媽媽就更常打電話給我，小雨就更覺得媽媽想打探她的隱私，形成了惡性循環。

不管是面對爸媽、課業，還是朋友，小雨總是倔強、好強而壓抑。

爸爸對媽媽的指責

其實，小雨媽媽已經有很大的改變，自從發現小雨對自己要求很高、拚命念書之後，媽媽就不會再叮嚀小雨要去念書，或問小雨成績，反而想方設法希望小雨能放鬆一些。

但只要小雨還會拔頭髮，爸爸就會指責媽媽不用上班，還沒有把孩子顧好，**這讓媽媽無形之中承受很大的壓力，而轉嫁到小雨身上。**

小雨爸媽對小雨的狀況，也有很大的歧見。媽媽希望小雨能好好放鬆，不要給自己那麼大的壓力；爸爸卻覺得「有壓力是正常的，誰念書沒有壓力？小雨想念書，就讓她念書，擔心那麼多幹麼」！

爸爸在意的是小雨拔頭髮的行為，因為頭髮禿一塊很醜，爺爺奶奶會叨唸爸爸沒有把孩子顧好。

可能因為小雨是獨生女，爸爸把所有期待都放在小雨身上。從小，小雨爸爸就一直被爺爺拿來和伯父比較。小雨爸爸永遠比不上伯父的成績，各自成家立業後，小雨的堂兄、堂姊成績都很好，爸爸希望小雨也能向他們看齊。

因為感覺到小雨媽媽承受很大的壓力，所以我邀請媽媽來談。

小雨媽媽聲淚俱下的表示，自己的哥哥小時候因為念資優班，課業壓力太大而跳樓自殺，她很怕個性好強又敏感的小雨也會生病。

原來是這樣啊！媽媽背負著原生家庭難以言喻的傷痛，再加上爸爸把自己在原生家庭「被比較」的焦慮投射到媽媽身上，**媽媽身上背負著雙重的壓力**。媽媽對小雨既心疼、擔心又生氣。小雨什麼都不肯說，也讓媽媽更是著急。媽媽和小雨的關係就更緊張了。

原生家庭的糾葛與影響

爸爸媽媽帶著他們原生家庭的議題，組成了新的家。對於小雨的問題，他們的擔心和期待自然也不同。有句話提到：「**夫妻躺在床上，其實不只兩個人，而是六個人**」，也就是說，在這段婚姻裡，除了夫妻以外，還包含了夫妻雙方的父母。

原生家庭對我們的影響，從來就不容小覷。我們今天會長成這個樣子，絕不會是無緣無故變成這樣的。就像小雨，因為爸媽對自己問題的歧見，讓原本個性就倔強、固執的小雨，變得更習慣隱藏自己、假裝沒事。小雨不想再聽見父母為自己爭執，也不想讓父母再為她擔心。

那一根根被小雨拔掉的頭髮，彷彿拔掉了課業壓力，拔掉了小雨好強又倔強的面具，拔掉了爸爸的望子成龍、望女成鳳，拔掉了媽媽的焦慮和傷痛，也拔掉了小雨默默承受父母為了自己更加失和的壓力。

這一年，小雨拔頭髮的狀況時好時壞，但她好像慢慢能信任我，至少有個安全的地方，可以讓小雨盡情抱怨，訴說任何她想說的事。

小雨如願的考上了心中的第二志願，小雨很開心，爸爸也很開心，媽媽彷彿也鬆了一口氣。

頭髮拔掉還會長回來的，只是每個人速度不同而已。我們都帶著原生家庭的愛與傷痛繼續往前走。願哪一天，愛能將傷痛包圍。

心理師想說：

拔毛症（Trichotillomania）是一種精神疾病，盛行率大概是百分之一。個案通常面臨外在壓力，例如小雨面臨龐大的課業壓力及高自我要求。壓力引發焦慮的感受，使個案有拔毛的衝動，而拔毛能舒緩焦慮的感受，讓個案覺得比較放鬆。通常拔的地方有頭髮、眉毛、睫毛等。

個案可能會因為拔毛的行為，感到羞恥或羞愧，影響自尊心及人際關係，而想要掩飾拔毛的痕跡。因為拔毛症看起來跟真的禿頭不一樣，新、舊毛髮都有，且參差不齊。文中小雨媽媽就用編頭髮、畫眉毛的方式，幫小雨掩飾拔毛的痕跡，也有些人會戴帽子。另外，有些個案也會伴隨其他傷害自己的行為，例如摳皮膚、咬指甲等。

拔毛症的發病年齡大概是在兒童到青少年，以女性居多。時間可長可短，有些人可能在一段時間後會自行緩解，但有些人可能拔了很多年，一遇到壓力源，就又復發了。

為什麼會出現拔毛症呢？**通常拔毛是為了抒發壓力**，而文中小雨的爸爸對小雨大吼，並沒有辦法幫助小雨改掉這個習慣，反而可能讓親子關係更加緊張。因此，家長可能會感到非常挫折且無力，因為好說歹說，孩子都不聽。若嚴重到外觀產生改變（像是頭髮嚴重的參差不齊），**家長也可能被親友質疑沒有照顧好孩子而感到丟臉或自責，甚至更容易責備孩子。**

父母、老師可以怎麼做：

1. 若情況嚴重，建議至精神科就醫：若是兒童或青少年，可以看兒童青少年精神科。醫師會評估需要藥物治療或是心理治療。
2. 寫日記釐清壓力源：請孩子記錄拔毛的時間、地點、拔毛前後的感受、想法、拔了多少等，以協助孩子釐清壓力源。
3. 找到其他抒發壓力的方式：協助孩子找到除了拔毛以外，可以抒發壓力的方式，例如找人訴說、運動、聽音樂等，也可以教導孩子深呼吸、練習肌肉放鬆等方式。
4. 幫助孩子減緩拔毛頻率：**例如手上纏繞透氣膠帶**，孩子在摸到毛髮時會有不同的感受，以提醒孩子意識到自己的行為，進而減少拔毛的衝動。
5. 家人支持及陪伴：**試著理解孩子拔毛的行為不是故意的，是生病了**，且面臨一些壓力，因此**更需要家人的支持及陪伴，而非指責**。當孩子感受到被理解，家人也會是陪伴孩子度過困境的重要力量。

作弊、說謊

——「是不是我功課好，爸媽才會愛我？」

小布因為作弊、常說謊，而被導師轉介來輔導室。導師當時還一臉認真的提醒我：「他講的話要打折扣，不要全部相信。他很會騙人，你要小心。」

小布不只一次被抓到考試作弊。如果犯了錯被發現，小布一句話也不肯說，除非人贓俱獲，他才肯認錯。有時候，小布還會故意套導師的話，看導師到底知道多少，而且他也不會全部承認。當導師透露一些，他才會承認一些。導師覺得他這樣很狡猾。

但奇怪的是，如果導師真的抓到他犯了什麼錯，他總能很快的向導師道歉，而且態度謙和有禮，不像有些孩子會「見笑轉生氣」。

導師說，他教了小布兩年，還是看不透這孩子。是不是小布城府太深？導師不知道小布心裡到底在想什麼……

我試著讓導師了解：「**小布想在大人們面前表現好，代表他很在乎我們怎麼看他。有些孩子如果真的不在乎的話，就不需要說謊了。**」

沉重的誤解

在諮商室裡，小布看起來就是個溫和、有禮貌又誠懇的好孩子，有問有答。我關心的問他生活上有什麼困擾嗎？他也都說沒有。一直到發生了一件事。

學校有一棟大樓正在整修。學務主任再三的向全校學生強調安全第一，絕對不能擅入，違者依校規處分。某天放學後，小布不知為何卻從施工地點跳出來，摔得鼻青臉腫。他被導師和生教組長罵個臭頭，還被記了一支小過，但卻怎麼也不肯講為什麼要進去工地。小布的爸爸也狠狠罵了他一頓，覺得他一定是因為貪玩才進去的。

過了大概兩個月吧，小布才悄悄跟我說，那天，他看到兩個小學生在花圃旁邊哭。一問之下才知道，原來有一個小學生的一千元補習費拿在手上，不小心就掉進去了。他撿不到，怕回家被罵。小布才跳進工地，幫忙撿的。

我問小布，為什麼當時不肯說實話。「因為他根本就不是貪玩，是去幫忙的。不但摔得鼻青臉腫，還被記了一支小過，不是很冤枉嗎？

小布說：「他們都覺得我很愛說謊，我怕我說了，他們不相信……而且就算最後我爸相信，他也會說：『那幹麼要自己進去，找老師幫忙就好了啊！』我爸本來就覺得我貪玩，我就懶得解釋了。」

我肯定小布是為了幫忙而跳進工地，但有時候小布選擇不說，反而會讓大人對他的誤會更深。

這次的對話，就像破冰一般，小布開始說了一些家裡的事情。

「只有我乖乖的，爸媽才會愛我。」

小布的家庭很傳統，爸爸工作賺錢養家，媽媽是原住民，也是家庭主婦。爸爸很大男人主義，家事都是媽媽一手包辦。爸爸回到家，就蹺著二郎腿、看電視、等著吃飯，彷彿等人伺候似的，而且一件家事也不肯做。

小布是老大，底下還有三個弟弟妹妹。當孩子們做錯事、表現不好或成績差，爸爸就會數落媽媽：「你又沒上班，怎麼顧個孩子，還顧成這樣？」

因此，除了打理家務，媽媽把全部的心力都放在孩子們身上。好像孩子表現好，自己才是個合格的媽媽。

媽媽常常對孩子碎碎唸，小布和弟弟妹妹無形之間承受了媽媽背負的龐大壓力，覺得「只有自己表現好、考試成績好，才是個好孩子」、「只有我乖乖的，爸媽才會愛我」。

「我好像戴著一個面具。只有我做了某些事情，才值得被愛……」小布說。

心疼媽媽，也氣媽媽

可能因為經濟壓力，爸爸一份薪水要養四個小孩，所以爸媽很難給出無條件的愛，總是期待著小布和弟弟妹妹要表現好。因此，小布開始學會說謊和作弊，因為只要不被拆穿或被發現，爸媽會對自己很滿意；若真的被拆穿了，小布也學會馬上認錯且態度誠懇，因為爸媽喜歡這樣的孩子。

「**有時候覺得活著好累**，**好像都要符合大人的期望**。我也很氣我媽媽為什麼都要一副低聲下氣的樣子。我阿嬤一天到晚罵我媽什麼事情都沒做好。我很想幫我媽說話，但看她那副好像都是自己的錯的樣子，又很不想幫她講話，覺得是她自找的。」原來，小布努力做個好孩子的同時，對於媽媽的處境又氣又心疼，小布感到好糾結……

每個人會變成今天這個樣子，是從小到大「先天氣質」和「外在環境」互動而來的，因此，我從不認為哪個孩子天生就是壞孩子。

當我們願意去理解孩子背後的動機（渴望好好被愛），而不是用外在行為（為了讓自己有好表現而作弊、說謊）來評價一個人時，才能真正的理解一個孩子。

心理師想說：

如何給孩子「無條件的愛」？

如何給孩子「無條件的愛」？**小布感受到的，是有條件的愛。**在心理治療學派中，個人中心治療創始人卡爾・羅傑斯（Carl Rogers）提出三個治療關係產生療效的核心條件：真誠一致、無條件積極關懷、正確同理性的了解。

其中，第二個「無條件積極關懷」是孩子感到全然的被接納。孩子知道不管我今天犯了什麼錯，都有一個人是無條件愛我的，他會被包容及擁有安全感。意即「我將如你所是的接納你」，而非「當你……時，我就接納你」。

若孩子感受到全然的被接納，感受到不管自己做了什麼，爸媽都是愛我的。**孩子將會更有安全感，更能接納自己，也能對自己及他人更加的開放。**

我相信每個父母都想給孩子無條件的愛，但我們也活在他人的期待之下，例如公婆、鄰居、親戚之間的比較。為了面子，我們可能也對孩子開始有更多的期待。

小練習：

現在請你閉上眼睛，想一想孩子剛出生的時候，你都是怎麼許願的呢？想到之後，把它寫下來。

接著再閉上眼睛，想一想現在孩子幾歲了，你對他的期待有什麼改變呢？一樣把它寫下來。

這個小練習有讓你發現什麼嗎？可能很多人會發現，在孩子剛出生的時候，我們希望他平安、健康、快樂的長大；隨著孩子越長越大，我們對他的期待也越來越多，例如希望孩子乖巧孝順、希望孩子考上第一志願、希望孩子以後當ＸＸＸ（如醫生）、希望孩子繼承自己的事業、希望孩子趕快結婚生子等等。

當我們回過頭來看我們一開始許的願，是那麼的單純，但卻意義非凡，**父母不妨提醒自己，別忘了初衷**，那個只希望孩子平安健康、快樂的長大，沒有那麼多枷鎖或包袱的你。

當我們開始不和他人比較，尊重孩子的選擇，**看見孩子獨一無二的好**，安心的陪孩子長大，那麼，我們就更能給孩子無條件的愛。

擁抱你的「內在小孩」

當了父母以後，我們才開始學習怎麼當父母。

我有一個三歲多的女兒瞳瞳，進入了所謂「貓狗嫌」的階段，常常說「不要」。一歲多的時候，還曾出現很可愛的回答，像是「不要好」，先說「不要」之後，又覺得好像還不錯，馬上說「好」，讓人又氣又好笑。但也不是所有時候，我都能一笑置之。當她脾氣很拗，越說越故意的時候，真的會氣到忍不住對她發飆。

但某天，我突然發現，媽媽在我小時候，有時也會這樣突然暴怒。俗話說「養兒方知父母恩」，養兒育女的辛苦和甜蜜，自己當了爸媽才體會到。在那一刻，我終於懂媽媽有時候為什麼會那麼生氣了。但這樣憤怒又充滿張力的情緒，就連我先生好幾次都跟我說，其實連他也感到害怕。

這讓我重新回想自己怎麼會變成這樣，**原來我複製了我和我媽的關係。**

當媽媽暴怒時會斥責東斥責西，那時候的我，其實內心是很恐懼的，也會很怕自己是不是個不好的孩子。當我察覺我媽可能要動怒時，整個人就會很緊繃，感到自責及陷入負向思考。但長大後的我，不小心也複製了這樣會突然暴怒的情緒。

原來，**大人對孩子的望子成龍和不斷打擊孩子信心的言語，可能是覺得自己不夠好，太渴望孩子去彌補自己年少時沒有成功的夢；大人對孩子的嘮叨、碎碎唸，還有高控制欲、過度干涉，可能是太急著想幫忙孩子不再犯錯，害怕孩子重蹈自己的覆轍；大人的愛面子，可能是內心感到自卑。**

這也是佛洛伊德（Freud）在精神分析學派中，提出的一種心理防衛機轉——投射（Projection），是指我們將自己的內在欲望、動機、思維、情感等不想承認、覺得羞愧、想拋棄的部分，向外投射出去，歸咎給另一個人。

大人們都曾經是小孩，曾經不小心受了傷，但還沒有機會療傷就變成了爸媽。爸媽複製了上一代的互動模式，讓孩子們也不小心受傷了。

會被激怒的，其實是心裡那個脆弱的小孩，那個受了傷，還沒有長大的小孩。當你發現自己心中還是有個隱隱作痛、不敢碰觸的地方，或是只要有人碰觸就會激起你強大的情緒，請你記得求援，和信任的家人朋友聊聊、運動，找到讓自己紓壓的方法。

若情況比較嚴重，可以前往精神科就醫、服藥、找心理師聊聊。**唯有我們學會愛自己，才能給出愛；當我們夠愛自己，也才會更有能量去愛人。**

內在動機 vs. 外在動機

另一方面，心理學提到「內在動機」及「外在動機」，內在動機（Intrinsic Motivation）指個體在沒有接受任何外在報酬的情況下，持續參與在活動中，獲得愉悅與滿足感；而外在動機（Extrinsic Motivation）指個體參加某個活動，是受到外來誘因（如獎勵、金錢、名利、地位等）的影響，而當這些外在報酬消失時，個人參與該活動的行為，便會削弱或停止。

我發現，很多孩子念書並不是被國文的詩詞感動，讀生物或地理時，也不會讚嘆大自然的奧妙（內在動機），而是為了得到好成績或獎勵、被人肯定或考上好學校（外在動機）。

其實，很多孩子一開始念書是因為發自內心的感到快樂、有趣（內在動機），但在開始上學之後，因為不斷的考試、排名、和他人比較等壓力，逐漸變成了外在動機，失去了原本讀書的樂趣，這是多麼可惜的一件事。

史丹佛大學心理學家馬克・萊伯（Mark Lepper）於一九七八年進行了一個經典的實驗。他們到幼稚園觀察在自由時間畫畫的孩子，然後把孩子們分為A、B、C三組。A組的孩子在畫畫前先被告知，只要他們畫畫，就會得到「優良小畫家」的獎狀；接著，研究人員只詢問B組的孩子是否願意畫畫，願意畫畫的孩子在畫完之後，也會得到「優良小畫家」的獎狀（但孩子事前並不知道）；最後，研究人員也問C組的孩子是否願意畫畫，但孩子畫完之後，沒有得到任何獎勵。

兩個星期後，研究人員在不被孩子發現的狀況下，觀察孩子們在自由時間的表現。B組和C組的孩子和實驗前一樣，很喜歡畫畫，但A組的孩子得到獎勵，畫畫時間反而比以前少了許多。

這是為什麼呢？因為**獎勵把原本的內在動機變成了外在動機**。原本畫畫是孩子自發性的行為，從畫畫本身得到了快樂，但因為有了獎勵，孩子可能忘記他原本畫畫是為了快樂，畫畫反而變成了壓力，孩子就不再像從前一樣喜歡畫畫了。

小布若考前三名，爸爸為了獎勵小布而給他一千元的獎金（外在動機），而且爸媽也會覺得他是個好孩子，這讓小布感到被愛。原本成績還不錯的小布，開始更願意讀書，但忘了自己原本是因為讀書很有趣，才喜歡讀書（內在動機）。因此，當小布準備得不夠充分時，他擔心因為考不好會被責備、爸媽會不喜歡自己，而且也拿不到獎金，因而選擇用作弊的方式，讓自己維持在前三名。

父母、老師可以怎麼做

1. **讓孩子感受到父母的「無條件積極關懷」**：讓孩子感受到不管他如何，無論表現好或不好，無論發生什麼事，你都愛他。不是因為他考得好，或是他乖乖聽話，才值得被愛。

2. **當孩子考得好，父母可以肯定孩子的努力，以及從學習獲得的樂趣（內在動機），而非成績（外在動機）**：例如對孩子說：「媽媽看到你很用心的準備考試，很棒！」「和媽媽分享一下你讀到了什麼很有趣。」而非「你這次考第一名，太棒了！」

3. 如果父母常常讚美孩子的成績，那麼，孩子可能會致力於如何得到好成績，而不是感受學習當下的快樂。
有些孩子甚至寧願鋌而走險，用作弊的方式來換取好成績，那就失去了原本希望孩子享受學習的本意了。

懼學

——身體不舒服、害怕上學，其實是因為對自己好失望

九年級的小露看起來總是一副病懨懨的樣子。小露低頭戴著口罩、眉頭微蹙、雙手環抱肚子告訴我，她很不舒服。

小露從七上期末開始至今，已經超過一年半幾乎無法上學。如果有來上學，也大多是待在健康中心休息。

「我好想和其他人一樣正常上學。」

九上開學一個月後，我第一次見到小露。前兩次的晤談，小露不斷的告訴我，她身體上

一切的不適，例如頭暈、頭痛、肚子痛、拉肚子或便祕、想吐等。爸媽帶著小露看遍各科醫生，有小兒科、腸胃科、中醫，還到廟裡拜拜、喝符水、求神拜佛、化解卡到陰，也曾看過精神科，但始終得不到一個明確的診斷。

雖然小露身體常常不舒服，但小露總是睜大雙眼，看起來很真誠的告訴我，她好想和其他人一樣正常上學。

眼神中的雀躍

第三次的晤談，小露提到學校很棒的回憶是啦啦舞比賽時，她教大家跳舞。「那是七年級上學期的事了。」她嘆了口氣。

我第一次從小露的眼神中看到雀躍。小露的眼睛閃閃發亮。

小露說，那時候要站在台上教大家，她很緊張，覺得自己會教得不好。

小露還提到上週開始上吉他課，是爸爸幫她找的老師。下個月，小露想參加韓團來台甄選，爸爸會帶她去。

兩個月後就是校慶運動會，會有班級化裝進場表演，我和小露討論，教同學跳舞是她很想做的事情，這是畢業前的最後一個機會了。如果小露一週可以到校三天，我可以與導師討論是不是可以讓她來規劃、帶領同學進行這個表演。

小露一聽，一口答應了！那一天的晤談，彷彿充滿希望。

但當我把小露的雀躍告訴導師時，導師卻說：「小露都說她想做，但都做不到啊！像之前也都說會來學校，結果……」

下週和下下週，小露總共只來學校兩節課而已。**很顯然的，這個目標對小露而言太大了。**

不想再讓爸爸說風涼話了

下一次的晤談，小露告訴我，她沒有上吉他課了，因為她不想再讓爸爸說風涼話。小露的爸爸都會說：「你沒有去上學，卻有力氣學吉他……」小露聽了，覺得很難過；韓團甄選，小露也沒有去參加，因為身體很不舒服。小露告訴我，等她身體好一點再說吧。

我也約了小露的媽媽來談，弔詭的是，媽媽的說法和小露一模一樣，媽媽像是對我解釋一般，不斷的說：「小露真的很乖，她在家裡都會幫忙，但她常常身體不舒服。她不是故意不來上學的……」

我告訴小露和媽媽，有時候身體不舒服有可能是壓力造成的，因此，我想跟小露約固定一週一次晤談。

小露媽媽聽了，馬上撇頭，但後來又轉過頭來，微笑對我說：「我們要做什麼都是為了小露，當然可以載她來……」

之後的晤談，大概三次有一次小露會來。如果小露沒辦法到，她都會主動傳訊息給我：「老師，很不好意思，我身體真的很不舒服，沒辦法去學校。等我好一點，再去找老師。」雖然談的次數不多，但也讓**我慢慢拼湊出小露的內心世界。**

原來是個自我要求高的孩子

「我考試常常會很緊張，手都會一直流手汗。七年級的時候，我的成績進步很多，我還記得第一次是十八名，然後是十五名，期末考是十二名，我很開心。原本下學期，我想要考前十名的，但後來開始身體不舒服，就沒辦法來學校了。其實我國小成績不好，大概在中間吧，所以我升國中那個暑假就開始念書，結果成績真的有進步！」

我看見小露露出滿意的微笑，始終皺著的眉頭舒展開了。原來小露是個自我要求高的孩子啊！

「我原本覺得XX高中是爛學校，但我現在好像只能念這種學校，我很失望。如果我沒有生病，我想去念前三志願的高中……」我聽到小露的話裡，有對自己很深的失落。

「如果這個家沒有我，是不是大家都會開心一點？」

「爸爸很兇，我在他面前，不太敢說話，因為他心情好的時候，對我很好，但他如果喝酒或心情不好，就會問我為什麼不去上學。我都不知道要怎麼回答……他是做工的，講話比較大聲。我媽跟我說，不要跟爸爸計較，不要把他的話放在心上。我有時候會想，如果這個家沒有我，是不是大家都會開心一點？」

「我上週只是叫弟弟拿國文課本來，我想要教他功課，我弟說不要。我爸就對我咆哮，說我憑什麼管我弟。我很難過，我根本就沒有要管他，我只是想要教他功課，因為他都隨便寫寫。**好像我沒有去上學，我就是最不對的那個人，沒有說話的地位**……而且弟弟每次都一邊看電視，一邊寫作業，聽到爸爸開門的聲音，他就馬上把電視關掉，看起來很認真的樣子。他也很會撒嬌，我覺得他真的很雙面人……」

「昨天我和媽媽去買我爸的生日蛋糕，結果爸爸說乾脆氣死他算了，幹麼買蛋糕。他才不想吃！」

爸爸和弟弟一國，媽媽和她一國……

我看到了小露家裡的次系統。在家裡，小露的爸爸和弟弟是一國的，媽媽和小露是一國的。**小露爸媽的感情並不好，也因此，父母各自和一個孩子靠近，成為心靈上的依託……**

我也看見小露爸爸對小露冷言冷語的背後，其實是很深的無奈和擔心。

小露爸爸曾說同事的孩子拿獎學金、參加畫畫比賽得獎，或是考試考第幾名，但小露卻連上學都沒辦法。這是為人父母多深的擔心……

「最近爸爸對我比較好，我也不知道為什麼，可能他看到我去台北找阿姨玩，也不舒服吧！而且前幾天爸爸沒有上班，他燉中藥給我吃，說要給我補身體，還說了很多鼓勵我的話。」

雖然爸爸是小露很大的壓力來源，但我也看到爸爸不經意中流露出對小露的愛。

「同學會主動跟我說要帶什麼或是寫什麼，他們會幫我，但我本來就是比較安靜的人，而且我太久沒來上學了，跟同學也不太熟。有時候想聊天，又不知道要和他們聊什麼……」我聽到她話裡的落寞。

我發現，小露每次來晤談都說身體不舒服，但是最近小露來學校的時間，卻能從一節課拉長到半天，甚至整天。小露說，媽媽在菜市場做生意，如果要這樣接送她，會有點麻煩，而且媽媽有時候口氣會很不耐煩，所以如果不舒服還可以忍受的話，她就會撐著。

把目標縮小，讓自己做得到

這一兩個月，小露來上學的頻率居然增加了。我驚訝的問她，怎麼做到的。

「上週有來兩天是因為月考，這週來兩天，是因為有一天要還同學習作，學校要抽查，還有一天是同樂會，有交換禮物，我跟媽媽去挑了好久……」

我問：「聽起來是如果有任務，你就算身體不舒服，還是能勉強自己來學校？」小露點點頭。

「那麼，我們把目標縮小一點，好嗎？我看見你急著從十八名一路想衝進前十名。就像你每次感覺好一點，就跟我說你這週可以來三天。其實，如果你今天可以待到放學，就已經很棒了！你的目標都好大，但有時候這樣好難做到。**老師會有點擔心如果做不到，可能會讓你對自己更失望**……所以我們今天的目標就是好好待到今天放學，好嗎？」

我看見小露的求好心切。當小露好的時候，就說可以三天到校，可以去參加韓團甄選，覺得充滿希望；當小露不好的時候，就說把病養好再來學校。不是做到一百分，不然就是全部放棄。

我試著幫忙調整小露的目標。**從每一個小小的改變開始，不用一次就是大改變。**

小露上學的時間依舊不穩定，有時候可以一週來兩三天，當我和導師眼睛為之一亮的時候，小露又三個禮拜都沒有來。

九上的期末考兩天小露都有來，這也是這學期的最後一次晤談。

小露說：「我覺得就算不舒服，好像來學校也比較好，因為在家裡也不舒服，而且我很容易想東想西，很自責，覺得又漏掉了好多課。」

我說：「我覺得這是很重要的發現耶！我們在**練習『勉強自己』**。就像我有時候想到上班也會覺得頭昏、頭痛、不舒服，但沒辦法一直請假，還是得來上班；或是看到不喜歡的同學、同事，但沒辦法，還是要努力和他們相處。你說你想念高中，那麼，我們一起努力，好嗎？」

小露點點頭。

無形的壓力轉化為身體症狀

或許小露的小改變對於很多全力拚會考的孩子來說，根本不算什麼（九年級大家念書都覺得時間不夠用了，哪有空理會身體有點不舒服），或是很多人覺得小露根本就是裝病

（因為小露看了好多個醫生，但沒有得到任何明確的診斷），但我看到小露身上無形的壓力已經轉化為身體症狀。小露被困在自己的身體裡動彈不得。

但現在小露慢慢找回一點點的掌控感，一點一點的練習「勉強自己」，就算身體不舒服，也願意試試看來上學。來學校也不一定要撐完整天（縮小目標）。

還有，小露也在練習接納幾乎每張考卷都是不及格的分數之下，還是願意假日和同學一起去圖書館，以及數學不會根號，被嘲笑，但還是願意問同學……**這些，都是小露小小的改變，縱使對他人來說，再微不足道，但對小露來說，意義非凡。**

「我現在考試好像也不會那麼緊張了，因為有一些我不會寫，我就用猜的，不然之前卡在每一題都想很久。媽媽說我已經那麼久沒有上學了，我不會，也很正常，因為我就沒學過呀！如果比別人多猜對一題，其實也是賺到……」

九下開學後的模擬考，小露告訴我，她的新發現。

我始終相信，一個又一個的小改變會帶來更大的改變，像小露就是。

有時候不小心就退回原點，但沒關係，繼續努力就好。

心理師想說：

中輟大略可以分為三種類型：拒學、懼學和怠學。其中，懼學（school phobia）的孩子，是害怕上學，但這樣的情況，我們不見得會通報中輟，因為這些孩子可能常常請病假，有時候真的是感冒、腸胃炎、經痛，但也有時候孩子自述頭痛、胃痛、腳痛、失眠、拉肚子、胸悶等症狀，卻無法診斷出病因。

有些懼學的孩子無法清楚表達他們到底怎麼了，例如問他們：「覺得有壓力嗎？哪裡有壓力？」他們回答不出來，但卻常出現身心症狀，例如上學就開始覺得肚子痛、頭痛，文中的小露也是。

一開始晤談時，小露很努力的告訴我：「我不是故意不上學的。我是真的覺得不舒服。」

在幾次晤談之後，我發現小露是個自我要求高的孩子。她想考上前三志願的高中，也努力讓自己七上的成績不斷進步。小露也是個敏感、容易焦慮的孩子，例如考試時，她會緊張得流手汗。小露因為長期無法正常上課，導致課業難以跟上。再加上小露本身個性較為內向，而和同儕變得疏離、覺得無法融入。

另外，小露的家庭帶給她很大的壓力，甚至讓小露覺得「如果這個家沒有我，是不是大家都會開心一點」。

我覺得**以上種種都是小露的壓力源**。雖然有些孩子無法說清楚自己到底怎麼了，但那些無法消化的種種壓力，往往就直接轉變為身體的各種症狀。

帶孩子看到「他可能不自覺的把恐懼放大了」

有些懼學的孩子對於上學的恐懼或焦慮，也可能經由想像而無限放大。例如曾經遭受霸凌的孩子，就算現在的班級沒有霸凌的狀況，而且孩子也交到了新朋友，但孩子可能還是常常想起過去的經驗、作惡夢而不敢入班。

有孩子曾對我說，轉到新學校後，當他一想到上學，就會心跳加速。當媽媽的車開到校門口，他就覺得眼前發黑、整個人都在發抖，也覺得喘不過氣來。因此，孩子會更想迴避讓自己這麼焦慮、不舒服的情境而逃避上學。

若孩子成功入班，我也會和孩子討論他的感覺。有些懼學的孩子克服心中的恐懼入班後，發現好像沒有想像中那麼可怕。帶孩子看到「他可能不自覺的把恐懼放大了」，這點很重要。也可以提醒孩子練習「不要自己嚇自己」，若真的發生不好的事情，再來害怕也不遲。

懼學的孩子若請假在家，可能導致「雙重獲得」的狀況。一方面孩子得以逃避上學，不用去面對讓自己不舒服、有壓力的情境；另一方面，孩子在家裡很舒服，可以做想做的事情，例如滑手機、玩電腦等等。如此一來，在雙重獲得的情況下，孩子可能更想逃避上學。因此，若孩子真的請假在家休息，父母也要適度規範孩子玩樂的時間，以及規劃讓孩子做家事、看書、自習等等，以免孩子請假在家，反而變成享受。

父母、老師可以怎麼做：

父母其實很難為，當孩子常常一起床就哭，說自己身體哪裡不舒服，不想上學時，到底要逼他上學，還是讓他在家休息呢？

1. 協助孩子釐清壓力源：是什麼讓孩子不想去上學，是課業壓力？師生衝突？同儕排擠或霸凌……或是其他因素？什麼時間點讓孩子開始不上學？這之中是否發生什麼事情。

若孩子說身體不舒服，像文中的小露，我不會一直和孩子討論到底是不是真的不舒服（讓孩子感受到我們尊重他的說法，理解他的不舒服）。另一方面，我也會和孩子討論這個行為讓孩子得以逃避什麼壓力源，或滿足了孩子的什麼需求。

2. **和孩子討論，如果發生什麼事情，他會比較願意去上學**。當孩子無法說清楚壓力源為何時，若從這個角度來談，孩子可能比較能說出自己想要什麼。

3. 除非真的生病，不輕易答應孩子請假：否則，當孩子不上學的時間越久，孩子就更難上學。而且，當父母因為拗不過孩子，常常同意孩子請病假，那麼，學校就更難及時介入，關心孩子狀況。

4. 讓學校的輔導系統介入幫忙：父母要管教孩子、督促孩子上學，又要傾聽孩子內心的聲音、了解孩子的壓力源，有時候，這兩個角色十分衝突。因此，若有一個孩子願意信任的人，例如輔導老師，可以協助理解孩子內心的感受和想法，可能更有助於孩子走出懼學的陰影；而導師在班上對孩子的觀察，也是重要的評估。當懼學情況嚴重時，可以求助兒童青少年精神科。

5. **協助孩子練習「並存」，和緊張害怕做朋友**：有些人會對孩子打氣：「不要緊張、不要害怕，不要擔心！」但這個很難做到，因為當你越希望自己不要緊張害怕，可能更容易緊張害怕，而且**有些孩子會因為負向情緒而責備自己**。

因此，我會跟孩子說：「你會緊張、害怕是很正常的，但是，同時你也有能力可以面對。緊張害怕也是你，有能力的也是你，這兩者是一起的。」

6. 漸進式入班：當孩子有一段時間沒有上學，可以先上半天，家長就接回，或是先待在輔導室，或先上輔導室開設的高關懷班的課程等，讓孩子適應之後，再開始正常入班。

怠學

──「我爸媽根本就不關心我，他們只在乎我的成績而已。」上課趴睡、不讀書，父母恨鐵不成鋼的急，卻怎麼也拉不動的孩子

九年級開始，小喬缺曠課的情況越來越嚴重，大概兩週才來學校一兩天。沒上學的日子，小喬常會去找網友，甚至在網友家過夜。

如果來學校，小喬常常趴在桌上睡覺，有些老師會敲敲她的桌子，叫她去洗臉。小喬洗臉之後，可能不小心又睡著，有些老師叫了幾次之後，就不叫了。小喬跟我說，有幾個老師很兇，她會撐著不敢睡，但大部分的課，她都睡整節。

小喬喜歡在網路上和男網友聊天、打 LoL。缺錢的時候，就跟對方謊稱自己遇到什麼困

難，現在沒有錢，有些網友就會匯錢給她。小喬覺得要到錢很容易，用騙的就好了啊！為什麼要念書呢？

凡事「無所謂」背後的無奈

對課業沒興趣的孩子，我們會鼓勵他們往技藝學程探索，找到自己的興趣。學校在九年級開設技藝學程，和高職端合作，每週半天到職校學習。課程多元豐富，讓孩子探索，例如中餐、烘焙、美容美髮、電機、機械、幼保等。

小喬斷斷續續地去了幾次，但也說還好，好像去不去都沒差。偶爾，可以隱約看到小喬凡事「無所謂」背後的無奈。有一次，小喬悄悄對我說，她有沒有來，班上同學好像都沒有差。那些說她「很重要、所謂一輩子」的朋友，還是有別的朋友。他們說的話，根本不可信。

缺乏安全感的小喬，下課時會假裝睡覺，看朋友有沒有來找她，但朋友卻跟著其他朋友去福利社、去上廁所，她覺得沒有人在乎自己。

有一次體育課，小喬真的不小心睡著了，醒來後，小喬發現教室裡只剩自己一個人，「居然沒有人把我叫醒！」那天，小喬好生氣，她直接翻牆就出校門了。

因為這些事情，小喬漸漸的更不想來學校。

但其實我也知道，同學們一開始覺得小喬在外面的事情很新鮮，和學校千篇一律、枯燥乏味的上課和考試相比，實在是有趣多了，再加上小喬說得眉飛色舞，總能吸引同學羨慕的目光。但隨著小喬接觸的網友越多，加上小喬越來越少到校，她的世界已經和正值九年級，努力拚會考的他們不同。話題不同，交集自然就少了。

補習班的殘酷體罰

還有另一件讓小喬從此再也不想讀書的事——小喬國小在補習班時，被老師揍得很慘，少一分打一下。小喬的爸媽忙於工作，他們也覺得補習班就是要打才有效，因此沒有理會小喬回家後紅腫的雙手。

有一次，小喬在段考前很認真的念書，結果不知道為什麼，反而考得更糟。那次，她被打了二十三下。之後，她就更不想讀書了。

「我爸媽根本就不關心我，他們只在乎我的成績而已。我國小原本成績還不錯，都考前十名。他們把我送去那個該死的補習班之後，我回家給我爸看我的手都腫起來，他還說：『如果你認真一點，就不會被打了！』在家裡，只有阿公比較疼我吧。」

小喬不再是那張滿不在乎的臉。我第一次看到小喬的眼神充滿恨意。

「假裝無所謂」的保護色

因為小喬中輟，我們去家訪。小喬的爸媽都在工作，不在家，小喬也不知道跑去哪裡了，只有因中風行動不便的阿公和外勞接待我們。

阿公喃喃的說著小喬的事，雖然聽不太懂，但卻看到阿公說著說著就掉下淚來。我想起小喬說過，只有阿公疼她。雖然阿公對小喬的行為沒什麼約束力，但**至少能讓小喬感受到被愛，這正是小喬好需要的啊！**

下一次會談，我提到上次小喬講的那些事。小喬卻說：「有嗎？我忘了。」

好像變色龍一般，小喬又披上了「假裝無所謂」的保護色。

問小喬問題時，小喬常常說：「沒差啊，隨便。」問小喬未來想做什麼，她說：「不知道。」小喬不知道自己對什麼有興趣，也不想念高中。

不過，有一次小喬居然對我說：「不然就念個夜校好了。」一問之下，才發現她也不知道要念什麼科。想念夜校，是因為小喬日夜作息顛倒，早上常常爬不起來。

小喬最近交了一個在網路上認識的男朋友。男友對她很好，常常匯錢給她。男友一個月賣雞排，可以賺五、六萬，小喬也常去夜市幫忙。

小喬說：「他說可以養我，那我幹麼要念書？」

心理師想說：

我在小喬身上，看不到一絲對未來的熱情、沒有目標，好像沒有值得努力的東西。有時候，我和小喬談完話，看她一副無所謂的樣子，真的覺得氣不打一處來。

很多時候，我們氣急敗壞的告訴孩子：「我怕你吃苦，怕你將來會後悔現在沒有好好讀書或學一技之長。」但，孩子就是聽不進去。

我到底在急什麼？

我急著想用過來人的經驗，希望孩子將來不要吃虧、不會受傷、不會感到後悔，路能走得順一點，但孩子顯然完全聽不進去。

還記得小時候，有時候媽媽要我做什麼，我偏不想那麼做，跟媽媽唱反調，等到哪天自己真的吃了苦頭，才心甘情願地相信媽媽的話。

例如，媽媽看氣象預報說今天會下雨，叫我帶把傘。我看太陽很大，不想帶，結果放學時真的下雨。我借不到傘，只好濕答答的衝回家。這在心理學稱為「自然後果」[1]，指行為後自然發生的結果，沒有人為的介入。舉例來說，不吃飯就會餓肚子，前一天太晚睡，隔天就爬不起來，天冷不穿外套就容易感冒。

若我們一直想保護孩子，像是下雨了、天冷了，就趕著帶傘、帶外套去接孩子，孩子無從體會「自然後果」，可能永遠都認為別人要替自己想，永遠長不大。

小喬不也正是如此嗎？

當時**我替小喬感到好著急，甚至開始苦口婆心的勸她，但，我反而離她越來越遠了**。小喬也更容易披上「假裝無所謂」的保護色，因為她還沒有準備好要改變，或是她還沒有辦法承認自己遭遇到的辛苦，只能暫時假裝自己很好。

如果我硬要拆掉她的武裝，對小喬來說，實在是太危險了。她只能透過「假裝不在乎」來保護自己。

尊重孩子的速度

於是，我開始重新檢視自己和孩子之間「我追你逃」的狀況，也開始練習放慢步調。

在孩子不會傷害到自己或違法的前提下，尊重孩子現在還沒有準備好要念書或學一技之長，尊重孩子還沒有準備好要處理過去的創傷經驗，尊重孩子的速度；當有一天，她準備好了，她會去尋找可以信任的人來幫助自己。

我現在在做的事情，就是種一顆種子到她的心裡，讓她知道，當有一天她需要找人聊聊時，我就在這裡等你。

「慢慢來，比較快」，這是我就讀彰師大輔導與諮商學系時，恩師賀孝銘教授所說的一句話。以前的我，很難體會這句話的深意，在輔導工作上，總是求好心切。工作幾年之後，我發現我越急著希望孩子改變，孩子越想逃跑，我才終於懂了。

面對消極、沒有動機、一副無所謂的孩子，有些導師或家長會好心急，他們劈里啪啦的告訴我：「她要是再交這樣的男朋友、再不念書、再繼續打電動，以後就完蛋了！」也常常有導師和家長希望我勸孩子和男友分手、叫他要寫作業、要念書等。

但那是他的人生，箇中的酸甜苦辣，只能由他去體會，旁人急不來的。

我也終於開始能告訴導師和家長輔導諮商的限制。我的角色是傾聽孩子心裡在想什麼，引導孩子說出心裡的話；如果我告訴孩子要做什麼才對，那麼，我就變成了導師和家長的打手，孩子也會發現我與導師和家長根本沒什麼兩樣，可能因此不願意再和我說心中的話，自然就離我越來越遠了。

這樣，也就更無法達成父母或導師對孩子的期待。

我想到小喬的父母和補習班老師，或許是恨鐵不成鋼的急，但卻讓小喬不斷的經驗到「習得無助感」[2]。少一分打一下澆熄了她對於學習的熱情，這是多麼可惜的一件事。

父母、老師可以怎麼做：

1. 給孩子一些時間：在孩子不受傷或違法的前提下，尊重孩子的速度。他現在可能還沒有準備好要改變。你越急，孩子可能越跟你唱反調。

2. 給孩子一些空間：給孩子多一些自主權，讓孩子自己做決定，然後為自己的決定負責。在孩子安全的情況下，讓他去闖蕩、去試試看；在孩子跌倒受挫的時候可以回家，有個地方可以讓他喘息、讓他感覺到被支持、被愛。

3. 減少說教，試著去傾聽、理解孩子的想法和感受。**幫助孩子找到自己的優勢能力，或是任何小小的做得好的地方**：例如小喬不是靠爸族，她有在思考不跟家裡拿錢，又能讓自己活下來的方法。

4. 和孩子討論如果要達成未來的夢想，他可以做什麼：如果小喬以後想賣雞排，那麼，她可能要會計算成本、支出、進出貨管理、員工管理、開業前的市調、店租、業績評估、如何銷售等，還有最重要的是，做出好吃的炸雞排。**幫助孩子將夢想化為一個又一個可以學習、努力的小目標。**

5. 給孩子一些任務：若孩子不想繼續升學，也不知道要找什麼打工，或許可以試著安排孩子在爸爸的機車行當學徒、跟叔叔一起去做木工。父母或認識的人給孩子一些任務或可以學習的技能，讓孩子生活有個重心，再讓孩子慢慢培養、找到自己的興趣所在。

---

1. 阿德勒提出「自然後果」和「邏輯後果」，其中「邏輯後果」指的是讓孩子承擔行為後的結果。「自然後果」沒有人為介入，而「邏輯後果」包含人為介入，例如孩子打翻果汁，大人要求孩子清理乾淨；孩子亂丟垃圾，那麼，孩子要把垃圾撿起來才能出去玩。邏輯後果必須和行為有關。若孩子打翻果汁，卻叫他罰站，打翻果汁和罰站並沒有關聯，這就變成「懲罰」，而非「邏輯後果」。

2. 習得無助感為Seligman及Mailer於一九六七年，以狗進行操作制約學習的實驗。發現當實驗組的狗長期無法脫離電擊痛苦後，會開始消極接受電擊，縱使有逃脫的機會，也不肯稍做努力。習得無助感指個體因長期挫折而產生哀莫大於心死的心理狀態。

拒學

——當臨時工，一天賺一千元，在外得到歸屬感的青少年

環常常看起來一副嬉皮笑臉的樣子，當我問他：「你沒有來學校，是去哪裡呀？」或是「你和誰在一起？」「現在住哪裡？」「錢還夠用嗎？」他一律都以「還好、不知道」來回答。

我嗅得出來，隱藏在環嬉皮笑臉背後的是「拒絕」。我知道，我們還沒有建立關係。

當爸爸身上有酒味，他就要小心了……

我也可以理解要和環建立關係，有多麼不容易。

在璟還沒有記憶的時候，他的爸媽就離婚了。社工查到的資料中，璟的爸爸有過三段婚姻，五個孩子，但這些璟都不知道。璟小時候是阿嬤帶大的，但阿嬤在璟小四的時候過世。之後，爸爸把璟接回同住。

在第二次的會談裡，璟用「悲慘無比」來形容自己的童年，並搖搖頭，表示不想談。

璟只提到有一次爸爸叫他在下班前要把飯煮好，但是爸爸回家後，卻發現他雖然有把電鍋按下去，卻忘了插插頭，於是爸爸毒打他一頓。類似這樣的事情，多到不勝枚舉。璟又搖搖頭，表示不想再談這些。

璟的爸爸常常不在家，璟每天自己走路上下學。當回到空蕩蕩的家，璟常常一個人煮泡麵吃。璟告訴我，他會去超市買菜，會自己加青菜和蛋，有時候加上火鍋肉片就很豐盛了。

雖然爸爸常常不在家，但璟很怕爸爸突然回家。只要聞到爸爸身上有酒味，他就知道今天要小心一點，不然可能又要挨打了。

這樣的日子過了兩年。

受傷了，卻沒看醫生

有一次，璟不小心跌進水溝裡，全身都是傷，沒有人帶他去看醫生，傷口拖了好久還沒有好，變成蜂窩性組織炎。後來，是導師和校護帶他去看醫生。導師打電話給璟的媽媽，手機是空號。打給璟的爸爸七、八通，但都沒有接，也沒有回。導師只好打給伯公，以及請輔導室通報一一三（社會安全網的脆弱家庭）。

璟說伯公和爸爸好像大吵一架，之後璟就住到伯公家了。伯公走起路來一跛一跛的，工作不穩定，沒有結婚，是中低收入戶。璟覺得他和伯公不太熟，但和伯公一起住好多了，至少不會再挨打。

第二次會談之後，璟消失了兩個月。

他收到了我的關心

璟沒有到學校時，我會在ＩＧ留言給他，但他幾乎都是已讀不回。唯一回的那一次，居然是因為感冒發燒，想跟我請病假。

我心裡覺得哭笑不得。心想「你都中輟了，還跟我請病假」。

兩個多月後，璟到學校了，我半開玩笑的跟他說：「你都不回，我有一點難過耶。」

璟沉默了五分鐘，低著頭，緩緩開口：「我那麼久沒有來學校，但是，老師你還是一直關心我，我覺得很不好意思⋯⋯」

那一剎那，我很感動。我看見他默默收到了我的關心。

但感人的也只有這句話，之後，我關心璟的生活狀況，他保持一貫嬉皮笑臉的回答：「還好、不知道」又或抬起頭，看著我說：「我會自己處理。有些事情，你不要知道比較好。」

被欺負的「古意」孩子

璟不說，但其實我都知道。

另一個中輟生跟我說，兩週前，璟和網友喝酒時因為傳錯話，被其中一名網友拿椅子砸。塑膠椅劃過璟的額頭，璟血流不止，送醫縫了五針。

還有一次，璟下雨天騎朋友的摩托車自摔。朋友說要修車，居然獅子大開口，叫璟賠八千元。還有一次，別人的手機摔到地上螢幕裂開，卻說是璟撞到他，手機才會摔到地上，要賠六千。還有一次……

璟去工地打工，是為了賠錢給人家。璟說伯公本來就不需要養他，他因此不想多拿伯公的錢。璟做的是一天賺一千元的臨時工，還要扣掉他去外面住的房租和水電。

我忍不住在心裡罵璟，怎麼這麼「古意」，被人欺負還不知道。這個孩子讓我很心疼。

這週，璟居然連續到校整整五天。璟說他想拿到畢業證書，我告訴他：「你七、八年級每天都有來上學，現在九年級下學期才剛開學不久，只要你再來兩天，我們就跟導師討論是不是可以幫你銷中輟。」

璟張大眼睛，看了我一眼，很快的跟我說好。

最靠近孩子的一次

但那一次晤談，璟還是什麼都不肯說，我只好把Dixit牌卡放在他面前，我請他挑出過去、現在和未來的自己。

這是一個我和青少年晤談時常用的方法。當孩子不知道要說什麼或是抗拒表達的時候，我會請他挑選牌卡，因為**說出口的話很容易被意識所束縛；而選圖卡，潛意識常常一不小心就溜出來了。**

璟一口氣選了十三張，我很驚訝，因為我第一次遇到孩子選這麼多張。

但璟挑完後，全身陷入沙發中。璟閉上眼睛，看起來很疲倦的樣子，然後搖搖頭，說他不知道要說什麼。

我故意跟他說：「你都已讀不回，現在就說個一兩張，不要那麼小氣啦。」

璟看了那些牌卡，指著其中一張：「武裝自己內心的軟弱」，另一張是「走到哪都有想利用我的人」。之後，他就什麼都不肯說了。

那一天，是我覺得最靠近璟的一天。

傳訊息給孩子，不管他有沒有回

之後，璟又不來學校了。但我還是會留言給他，而他仍然已讀不回。

璟一個月會到校一兩天，說是朋友叫他來的。璟說他不要畢業證書了，他畢業後要去賺錢。我苦口婆心對璟說，去念個建教班、夜校都好。

璟對餐飲有興趣，我希望他能好好學，有個一技之長。不要一輩子做粗工，太辛苦了。

畢業典禮結束之後，我叫住璟。我很認真的對他說：「如果哪一天你真的需要幫忙，你可以在ＩＧ上跟我說，或回來找我。上班時間，老師只要沒有出差都在輔導室。」

璟飛快的點點頭，像是敷衍我似的，然後一溜煙的跑走了。

畢業後，我告訴自己幾個星期要傳一次訊息給璟，不管他有沒有回。

璟是個受了傷的孩子，因為爸爸的家暴，還有原本主要照顧者阿嬤的過世和變動，讓璟變成了「逃避型依附」的孩子（請見〈以身體換取「被愛」感覺〉一文）。

璟還不知道要怎麼信任一個大人，**他習慣假裝堅強、靠自己、不想麻煩別人，這是他的保護色。而傳訊息給璟，讓他知道有人在關心他，這是我能繼續做的事。**

我不知道當璟需要幫忙的時候，他真的會來找我嗎？還是繼續找那些可能會利用他的朋友？

但**我一直都在。**

心理師想說：

在國中教育現場，有一群讓人很難施力的孩子，就是「中輟」的孩子。剛開始工作時，因為我服務的學校中輟率是全縣數一數二的高，才剛進校園的我，就不自覺的背負著降低中輟人數的壓力。

因此，在晤談的過程中，常常一不小心就和中輟生討論「一週來學校幾天，可以怎麼做到」之類，孩子很容易就感受到其實我也希望他復學。但是中輟這個行為一定滿足了個案的某種需求，讓他得以逃避不舒服的人事物，例如課業壓力、師生衝突、被排擠等。孩子不來上學，就不用去面對這些壓力。

當孩子中輟，而我期待他復學，我們的目標完全是相反的，我們就像在拔河。

我發現，當我越拉孩子，我們彼此的距離就更遠了。孩子也開始覺得我與導師好像也沒什麼兩樣（只是比較不兇而已），我們的關係就更難建立了。當我帶著我的期待和孩子談時，我也沒有辦法真的進入孩子的內心世界。

但**當我開始能把「希望他復學」這個期待拋開（或是先放一旁），試著去理解孩子不來上學，滿足了他的什麼需求時，孩子才有可能比較願意跟我說他的心裡話。**

我們大人能不能看到就算孩子沒有回到學校，但孩子卻有哪些改變呢？

對於學校輔導老師而言，輔導中輟生往往是沒有成就感又容易受挫的經驗。輔導成效有限，學校主管或教育處也會關心中輟人數，而若中輟人數太多，輔導老師還需要寫報告（中輟學生復學輔導強化策略報告）。

不過，我覺得可以去思考的是：「當孩子再次中輟時，是否就代表輔導無效呢？」以及「你能不能看到就算孩子沒有回到學校，但孩子卻有哪些改變呢？」

我看見環收到了我對他的關心，環也開始願意跟我透露一點點他的事，還有他的脆弱（看見個案任何小小的進步或改變）。

環的爸爸無法給他長期、正向且穩定的依附關係，因此，我總是幾天就會傳訊息給環，不管環有沒有回。因為，**我想帶給環的是「不管我有沒有來上學，有沒有回訊息，都有一個人一直關心我」，這就是和之前不一樣的矯正性情感經驗**[1]。就算環還是沒辦法穩定到校，但我看到他有收到我的關心。

陪伴對環來說是有意義的。

因此，我覺得**輔導人員的「自我肯定」很重要**；學校導師、輔導室、學務處、教務處、校外資源，如少年隊、強迫入學委員會、社政單位、學生輔導諮商中心等的**「系統合作」**、**互相打氣吐苦水，也很重要**。這樣，才能一起發揮功能，共同幫助中輟的孩子。

孩子中輟的原因

每個孩子中輟的原因可能很不一樣，但可以簡單分為三種：拒學、懼學和怠學。

一、拒學的孩子，是拒絕學習或上學：這類的孩子可能在學校較容易有問題行為，因此選擇在外和校外人士、網友、男友流連，或是開始在外打工。他們從外面的朋友或工作中得到滿足及歸屬感，也因此更難回到校園。

二、懼學，是恐懼上學：孩子可能遭遇排擠、霸凌、師生衝突或課業壓力等因素，導致孩子對上學感到害怕。**有些孩子甚至會不自覺的放大恐懼**，例如有些孩子就算轉學了，原有的壓力情境已消失，但孩子還是恐懼到無法上學。（請見〈懼學〉一文。）

三、怠學的孩子常常是茫然、空洞的活著：他們往往屬於學業低成就，且對於未來沒有熱情、沒有目標。對於任何一個科目，甚至藝能科，如體育、音樂、資訊課，也都表示沒有興趣。（請見〈怠學〉一文。）

而璟，就是拒學的孩子。

拒學的青少年，在外獲得歸屬感與認同感

拒學的孩子通常外在環境的拉力很大，例如和網友相約參加陣頭、網咖、出遊、騎機車、抽菸喝酒、接觸毒品，甚至被幫派分子吸收。有些孩子會開始工作，例如到工地做工、到夜市幫忙做生意等等。

若是女生，可能交男友（男友涌常年紀會大一些，甚至是成年人）。這類的孩子若覺得家庭不溫暖，很容易就跟著男友離家，也可能因此容易發生性行為或懷孕。

這些孩子在外在環境中找到歸屬感與認同感，例如有個孩子對我說：「我做屠宰場一個月三萬多，為什麼我要回學校？」而女生可能從男友身上得到家裡無法給她的溫暖。當孩了在外既能生存，又能賺錢養活自己或有人養，且滿足了愛與隸屬的需求，孩子可能更難回來。

也因為接觸更多世面，這些孩子可能會變得比同齡的孩子更為早熟，也因為提早接觸了這些更有吸引力的環境和刺激，學校課程、考試、遵守校規便更顯得枯燥乏味。

因此，若家庭和學校的拉力不足，甚至反而是推力的話，孩子很有可能更不願意回來。例如家庭不溫暖，孩子和父母關係疏離或是高衝突、父母對孩子的管教方式過於嚴厲或放任、父母時常爭吵等。

在學校方面，**這些孩子也可能造成導師在班級經營上的困難**，例如中輟生一回來，染了一頭金髮、在廁所偷抽菸、講髒話、跟同學吵架、哈老師、睡整天等等，導師覺得他讓教室變得很亂、很難管理，因此更難接納孩子回來。

而**導師對孩子的態度，也可能影響其他孩子怎麼看這個孩子**，例如同學也跟導師一樣覺得中輟生就是壞學生，不想靠近他。

有個孩子曾經無奈又生氣的對我說：「我曾經想要回來，但是導師就是覺得我是個壞學生。我表現好，他覺得我是裝的。班上錢被偷，就懷疑我；考試有及格，就覺得我作弊。我回來的時候，桌椅和課本已經被搬去資源回收室。我幹麼要回來這種地方？」

父母、老師可以怎麼做：

如果家庭能提供溫暖、安全依附的環境，孩子會比較願意回來。拒學的孩子，多半和父母關係疏離或是高衝突，因此，**修復親子關係是很重要的一步**。

1. 調整管教方式為「民主型管教」：若父母是過於嚴厲、控制的「專制型管教」，又或是管不動就乾脆不管的「放任型管教」，都請調整為「民主型管教」。

「民主型管教」是彼此能開放的溝通，孩子也能表達自己的意見，父母既能給孩子充分的支持和溫暖，也能給予適當且可彈性調整的要求。

2. 給予適當且可彈性調整的要求：例如讓孩子知道有一定的行為規範，如門禁時間（九點前要回到家）、去哪裡要先報備、手機限制時間等。若沒有遵守約定會造成一些後果，例如被禁足、手機沒收等。

若孩子覺得遵守有困難，可以事先提出來討論。若孩子都能遵守約定，那麼孩子就能繼續擁有這些權利。

3. 當孩子犯錯時，不要過於嚴厲責備，這樣孩子可能會更不敢回來：**讓孩子知道他犯錯，你很生氣，但你氣的是孩子做的事，你還是愛他、接納他**。你和孩子可以一起討論怎麼彌補或改善這個錯誤。

4. 不要孩子一回家就問今天考得怎樣，可以先關心孩子今天過得如何：例如在每天的晚餐時間，和孩子聊聊學校怎麼樣。

如果孩子常常說不知道、還好，父母可以更具體的問，例如：「哪個老師上課比較好玩？哪個老師很機車？」「同學有沒有做什麼有趣的事，說來聽聽？」當父母用比較輕鬆幽默的態度去了解孩子的生活，孩子可能比較願意和父母分享。

5. 當孩子已經中輟或有非行行為，積極和學校導師、輔導室、社工、少年隊等單位合作。

讓不同的單位發揮各自的功能，幫助中輟的孩子回來。

6. 和孩子談談未來，**幫助孩子找到興趣、培養一技之長**：有些孩子覺得在國中階段，一天做工地能賺一千，感覺很多，因此國中畢業後，想繼續做工，不想升學。父母可以肯定孩子願意吃苦，但也不妨告訴孩子，一輩子要靠勞力賺錢很辛苦，當年紀大了，體力也會變差，收入也有限。若能找到自己的興趣，好好念完高職或當學徒之類的，培養一技之長，較不容易被取代，將來也更能過自己想過的生活。

---

1. 當個案再次經歷到在其他關係中未能解決，以及在過去成長的依附關係中，經常經驗到相同的人際模式時，心理師或個案的重要他人能以嶄新且有效的方式來回應，使個案體驗到新的、不同的人際互動模式，提供個案改變的契機。

輯二

家庭裡的泥沼

青少年成為媽媽的「情緒配偶」

——成績優異的孩子不去上學，是想在家裡陪媽媽

九年級的小元這學期開始常未到校。每次導師打電話到家裡，小元媽媽都說小元肚子痛、頭痛、腳痛或感冒。媽媽帶小元去看醫生，有時候是輕微的感冒或腸胃炎，但有時候找不到明確的原因。醫師曾經建議小元轉診看精神科，但媽媽當場和醫師翻臉。

導師轉介小元來輔導室的時候，很困惑的說：「我帶了他兩年。他不是那種會裝病在家、不上學的孩子。交代他事情，他都會做好、成績也很好，還當了一年的班長，我實在是不知道為什麼他會變成這個樣子。我問他，他都說沒什麼……」

久而久之，小元漸漸地越來越少到校。媽媽說小元從小就體弱多病，是個可憐的孩子。但

奇怪的是，小元只要來學校，身體都好好的，還能和同學打球、跑步，好像一點問題都沒有。

爸媽的說詞不一樣

我去家訪時，小元的媽媽出去買菜，但爸爸剛好那天休假在家。那是我第一次和小元的爸爸談話，我發現小元的爸媽說詞很不一樣。

小元爸爸說媽媽個性多疑，而且太保護孩子了！小元爸爸覺得媽媽因為小元身體不好，辭掉工作照顧小元，根本是多此一舉。小元就像一般人一樣，偶爾有點小病痛而已。但小元媽媽很多時候都借題發揮，例如媽媽幫小元找藉口，讓小元不去上學。但是小元和媽媽感情很好，所以爸爸也無法強制帶小元去上學。

當爸爸不在時，媽媽不只一次聲淚俱下的說：「我先生有外遇，常常晚歸或不回家，在外面還欠了一屁股債。為了幫忙還債，我之前兼了兩份差，還向娘家借錢。」

媽媽為了給孩子完整的家而沒有離婚，又為了小元體弱多病，她只好辭職在家，專心照顧小元，還常常帶著小元到廟裡求神拜佛。

媽媽覺得小元在家都很正常，但只要一想到上學，就會開始身體不舒服。如果真的勉強小元去上學就會更嚴重。

媽媽說，小元在家也沒有什麼不好。而且小元在家也都會自己念書、聽線上課程。不會的內容，小元會問同學。就算比較少去學校，成績也還是全班前五名，是個不用讓人操心的孩子。

孩子總說：「還好，沒什麼事。」

我去家訪時，小元幾乎都不說話，只是低著頭。我問小元：「最近好嗎？身體如何？」小元只是輕輕點點頭，都是媽媽代為回答。

在持續的家訪快半年以後，小元開始一週會到校兩三天。小元說最近身體好像有好一點，如果沒有不舒服，他就會到校，而且和我約好的時間，他每一次都準時到。但在諮商室裡，小元的話都很簡短。小元總是說：「還好，沒什麼事。」

我和小元之間，彷彿隔了一道牆。

一直到下學期的第一次模擬考，小元考得很差，看起來很沮喪的樣子。那一次的晤談，小元終於多說了一些自己的事情。

「自從我爸外遇不回家後，我媽晚上就跑來我房間，和我一起睡。她說爸爸外遇，不要她了，一邊說，一邊哭。我也很氣我爸怎麼可以這樣對我媽，害她這麼痛苦。有一次，我重感冒沒有去上學，她忙著煮飯給我吃，整個人看起來有活力多了！**我覺得我媽很可憐。當我看她又不好的時候，我就會說我身體不舒服，想請假。我想讓她心情好一點。**」

原來，小元是因為媽媽才不來上學的。

媽媽對孩子情緒勒索

「但有時候，如果我想做的事情，我媽不同意，她就會說自己有多辛苦，讓我覺得自己若不照著她的話做，就是很自私。」小元說。

情緒勒索，也是經常出現的戲碼。

「我辛辛苦苦一個人養你這麼大，你爸有照顧過你嗎？你不聽我的話，不然你就去找你爸好了！」

只要不合乎媽媽的期待，媽媽就會哭著說自己為這個家付出這麼多，到頭來，得到的是什麼，或是懷疑是不是連小元都要拋棄她。

「感覺這些事情埋在心裡很久了，謝謝你願意信任我，但我也很好奇，你今天怎麼想跟我說這些？」

「覺得有點受夠了吧！真的覺得很累。快要會考了，還有這些事情，真的覺得很煩……

我想回來學校好好上課。漏掉這麼多課沒上，其實壓力滿大的！」

孩子需要練習將自己的需求擺在第一位

小元開始覺察自己因為媽媽的話而感到自責，因為在乎、心疼媽媽，而不得不配合媽媽的需求，這就是種情緒勒索。**覺察——是好重要的第一步。**

我和小元討論在會考前，怎麼做，會讓他覺得好一點。

「我想每天都來學校。這次我考得很差，下次想拚回來！」

第二步，是練習將自己的需求擺在第一位，而不是媽媽「需要陪伴」的這個需求。

小元不再像家訪時總是低頭，或是跟我說「沒事，還好」。小元開始每天來上學，我看見小元的眼睛有了光彩。

這條路還很漫長，當小元開始不再照顧媽媽的需求，或許會遇到媽媽更激烈的反應，但小元肩上背著的重擔，好像輕了一些。

小元畢業了。我看見他的名字在榜單上，熠熠生輝。

心理師想說：

從家族治療的觀點來看，**因為父親對母親的背叛及缺席，小元承接了父親應該扮演的角色，成為母親的「情緒配偶」**，變成了母親的「小丈夫」，提供母親需要的支持和情感慰藉。

小元本來就是個心思細膩又敏感的孩子，對爸爸的氣憤加上對媽媽的心疼，讓小元不知不覺的扛下了承擔了母親情緒的責任，義不容辭的分擔母親的辛苦，但又常常吃力不討好，小元常感到自責、愧疚與無能為力。

小元發現，自己被媽媽控制了。因為心疼媽媽，渴切的想分擔媽媽的辛苦，所以不知不覺被媽媽的情緒牽著鼻子走。當媽媽心情不好，就想要幫忙承擔，讓媽媽心情好一點。

小元開始無法做自己，被媽媽「情緒勒索」。因為若不這麼做，媽媽就會指責小元「不夠愛她、不知道她為了他付出多少、不知道她有多辛苦……」。

「小元，你辛苦了！你為了這個家、為了媽媽做了好多好多，但你也會發現，不管你做得再多、再好，媽媽還是覺得不夠。你是兒子，不是媽媽的老公。」

「退出」小丈夫的角色，重新當回兒子，是小元最大的挑戰。這可能很困難，因為習慣承擔這麼多的小元，開始把責任還給爸媽，可能會出現很大的內疚和罪惡感，還要面對媽媽的情緒勒索與指責。

而小元的退出，會讓好不容易稍微平衡的家庭重新失衡，爸媽可能又開始經歷激烈的衝突，但，那是爸媽應該要面對的課題。小元帶來的平衡，其實是搖搖欲墜的假象。

小元的第一步，就是看清自己只是兒子。面對母親的指責，練習放下罪惡感與內疚。同時，肯定自己重新找回了自己，**將自己的需求，放在他人的需求之前。**

身為父母的你，「自我覺察」很重要

另一方面，身為父母親的你，「自我覺察」也很重要。面對工作、經濟壓力，和另一半或婆媳間的矛盾衝突，在龐大的壓力下，你是否在無意間讓孩子過度的承擔了你的情緒？或是透過自怨自艾，讓孩子覺得如果他不聽你的話，就不是個乖孩子？

這不是你的錯，只是可能經歷太多事情，太辛苦了，需要有個人站在自己身旁，好好照顧自己疲憊的心。但在這個過程中，孩子可能也很辛苦。

當你不再拉著孩子的手，把孩子當成自己的保護傘；**當你開始能真實的去面對你的生活、**

你的婚姻、你的另一半，你才有可能真的獲得平靜和幸福。

父母可以怎麼做：

1. 自我覺察：觀察自己是否以愛之名，當孩子不聽話或不符合期待的時候，用貶低孩子價值、責備、威脅等語句，以「情緒勒索」的方式來讓孩子感到愧疚、自責，而不得不聽自己的話。例如當孩子不乖時，跟孩子說：「我照顧你這麼辛苦，你怎麼忍心讓我失望？」「你成績考成這樣，你怎麼對得起我們？」「如果你敢不去補習，那你就不要回家了！」

請把這些話改成：「你這次沒有考好，媽媽覺得有點失望，也想了解你是發生什麼事，或是遇到什麼困難而退步嗎？」

2. 自我照顧：在婚姻中，你是不是因為經濟、感情或婆媳問題等承受了很大的壓力，而不自覺的把情緒投射在孩子身上，讓孩子變成你的「情緒配偶」，需要聽你的話，還要幫忙照顧或分擔你的情緒？

如果有這樣的狀況，建議可以找人聊聊，或是尋求精神科或心理師的專業協助。

手足競爭

——「我永遠比不上姊姊，我是多餘的那個人。」

她總是皺著眉頭，低垂著頭，看起來有氣無力的樣子，有時候帶著苦笑。

「爸媽好像很多事情都會跟姊姊說。我上樓的時候，常常看見他們三人在聊天。我有時候會問，但他們好像懶得再跟我說一次，或是他們跟我說得沒頭沒尾的，我根本就聽不懂。他們就會說：『唉，還要再解釋一次，很麻煩耶！』我就會自己走開。我覺得很難過，好像我是外人一樣。」

「前幾天，爸媽又為了錢吵架，媽媽說：『嫁給你之前，我受了多少委屈，還被你兒子糟蹋。』我聽到的時候很驚訝，因為爸爸哪有兒子。但是姊姊居然一副知情又不想跟我說的嘴臉，真的很討人厭。我最近都在想這件事情，我又不敢問，我不確定我爸是不是外遇……但我最難過的是，為什麼什麼事情我都是最後一個知道的？**我覺得我爸媽比較愛我姊，我是多餘的那個人吧！**」

拒絕對家人訴說的青少年

姊妹的個性截然不同。姊姊也是我們學校的學生，個性大而化之、活潑大方，像個傻大姐。而她的個性比較多愁善感、細膩敏銳，也因此，很多事情，她常常會放在心上。

每次來輔導室，她都邊講邊哭。

「感覺這些事情，你一直悶在心裡，很不舒服、很辛苦。你會想跟媽媽還是誰，說你的感覺嗎？」

「不會耶！這樣感覺很奇怪……」

媽媽來學校參加親師座談會時，我邀請媽媽來輔導室。

媽媽滿臉不解：「我怎麼可能不愛她？她也是我辛苦懷胎十月生下來的。她跟姊姊都是我的孩子，我都愛啊！但是她很容易想東想西，比較多煩惱、比較愛哭。問她，她也不說。有的時候，真的不知道她在想什麼……姊姊確實比較好溝通。」

下一次的諮商，她談到了更多家人之間的互動。

「姊姊的成績也沒有到很好，但是她打排球很厲害，保送XX高中。我媽就一直說我姊很厲害，叫我要多跟她學學。我姊一考上XX高中，我媽好像就忘了我姊的在校成績根本就沒有比我好。

「上個禮拜天，我心情很不好，因為我姊洗完澡，肥皂就直接放在窗台，沒有放回去，浴巾還丟在床上，沒有拿出去晾，我提醒她，結果她就說我爸也常常這樣，說我管太多。我說本來就應該要拿出去晾，不然浴巾會臭掉耶！然後我姊就跑去告狀，跟我媽說我對她口氣不好。結果我媽居然沒有罵我姊，反而先來罵我……」

「你覺得很委屈，因為媽媽比較站在姊姊那邊，也沒有問你事情經過，就認為你不對。而且你覺得你只是提醒姊姊，沒有口氣不好。」

她點點頭。

「那你後來有跟媽媽說，其實你是擔心浴巾會臭掉嗎？」

「沒有，我懶得講了。講了，我姊又有理由。我就上樓了。」**這是青少年很常見的反應。發現溝通沒有好的結果，就開始拒絕溝通。**

但我擔心的是，**她想說的話如果沒有說出口，家人就不知道她心裡在想什麼，也不知道原來**

她這麼在意這些事情，她就更加覺得家人常常誤會她、不了解她。

母女關係的新進展

我們談了四、五次，話題大概都圍繞著她和家人相處時，讓她不愉快的瑣事。我也觀察到她是個沒有自信的孩子，可能是來自於父母總是拿她和姊姊做比較。姊姊有排球這個專長，但她覺得自己什麼都不會，而且課業普通。她也很討厭自己講到激動處，就會忍不住想哭。爸媽都覺得她很情緒化，一點點小事，也那麼在乎，所以她就更不想講了。

「上週，我半開玩笑的跟我媽說：『為什麼你什麼事情都跟姊姊說，不跟我說？』結果，我媽說爸爸有兒子的事情，是我姊自己發現的。好像學校要交戶口名簿，她就發現上面還有一個長男的名字。她說我也有交戶口名簿啊，可是我就沒發現。」

我看見她第一次露出如釋重負的微笑。

「你今天好像看起來比較輕鬆。」

「對啊！我覺得好像比較釋懷了，因為我姊是自己發現的，也不是我爸媽主動說的。而且原來那個兒子是我爸的前妻生的，不是外遇。」

「我很好奇，是什麼讓你終於能說出口呢？」

「我也不知道，就突然問了……」

那一次，母女的關係有了新的進展。**我肯定她——當她願意把心底的話說出口，或許就能化解一些誤會。**

她畢業後，我腦海中偶爾會依稀浮現那張憂愁的臉，我希望她的快樂和自信能多一些。

打開姊妹倆的心結

畢業三年後的某一天，她回學校找我。跟我說因為一些事情，她和姊姊大吵一架。她終於忍不住脫口而出：「爸媽比較愛你，我什麼都不是！」這樣的話，但姊姊居然對她說：「我其實很羨慕你，可以活得自由自在，想幹麼就幹麼，可以選自己想走的路；不像我，爸媽期待我一樣靠排球，保送上好的大學，但其實我早就不想打球了，我想畫畫、想念設計，但爸媽說那個沒前途又很累……」

她聽了好驚訝，那一刻，她終於懂姊姊也有她的辛苦。

她羨慕姊姊被看重、被期待；姊姊反而羨慕她的自由自在，可以做自己。那些話，彷彿打開了姊妹倆的心結。

當她能換個角度，不再認為自己一直活在姊姊的陰影下，一切看似沒有改變，卻已悄然改變。

心理師想說：

手足競爭可能在孩子很小的時候就出現了，例如哥哥覺得剛出生的弟弟得到家人太多的關注，而偷捏弟弟的大腿；或哥哥出現退化行為，像是討抱、不肯自己吃飯、吵著要和弟弟一樣用奶瓶喝奶、尿床等狀況。

手足競爭是個常見卻又難解的議題，因為父母是我們的重要他人，是我們主要的依附對象。**當我們發現居然有另一個人會搶走原本父母對自己的愛時，那是一種很深的失落、恐懼及不安全感**。害怕自己被取代，或覺得自己是多餘的，因此可能產生自卑情結，開始嫉妒手足，覺得爸媽比較愛弟弟，或自己怎樣都比不上姊姊。

尤其是手足年齡相差兩三歲以內，競爭可能更嚴重。因為年紀差不多，父母容易拿彼此來比較。

如何化解手足競爭？父母用更多的愛，包圍孩子的不安全感和嫉妒

手足競爭其實是一種「生存本能」，因為孩子需要父母的愛和照顧才能生存，自然會害怕他人把父母的關注搶走。但其實父母面對手足競爭的態度更是關鍵，若父母能讓每個孩子感受到一樣被愛，用更多的愛包圍孩子的不安全感及嫉妒，那麼，就能輕易化解手足競爭，培養深厚的手足情誼。

但若父母總要比較孩子誰比較好，那麼，自然會加深手足競爭，甚至可能影響孩子的自我價值。就像文中的她，覺得自己永遠比不上姊姊，是家裡多餘的人。

那麼，父母可以怎樣陪伴孩子，讓孩子感受到被愛呢？父母下班後往往十分疲倦，只想攤在沙發上看電視、滑手機，沒有多餘的力氣陪孩子聊天談心，但其實**父母可以給每個孩子，每天十五分鐘「高品質的陪伴時光」**。

不用很長，十五分鐘就好。父母在這段時間內，專注在孩子身上，放下其他瑣事。陪孩子一起做任何事情，一起感受情緒的共鳴，例如一起哈哈大笑、一起煩惱孩子的小煩惱，陪伴孩子找出解決方法；而不是一邊滑手機或打瞌睡，一邊虛應孩子，因為其實孩子可以感受到父母是否專心陪伴自己。

當孩子能感受到好好被愛，他自然不需要再用偏差行為或和手足比較，來確認父母是否真的

愛自己。

父母可以怎麼做：

年紀較小的孩子：

1. **幫助孩子認識「嫉妒」這個情緒**，以及給予每個孩子需要的關注：**允許孩子表現出「嫉妒」的情緒**，例如可以對孩子說：「謝謝你願意等媽媽，因為媽媽抱著妹妹，你覺得很嫉妒，那你來媽媽和妹妹身邊，媽媽跟你一起唸故事書，好嗎？」這樣做，能幫助孩子定義情緒，以及讓孩子知道，媽媽很願意和她一起做其他事情，她還是擁有媽媽的愛。**而當孩子清楚自己怎麼了，就也能對自己的情緒，有更多掌控感。**

年紀大一點的孩子：

1. 父母不要說：「你看你哥成績那麼好，為什麼你不能和他多學學？」「你弟那麼乖，為什麼你不能聽話一點？」**有些父母會習慣用「激將法」，但隨口說出的話，可能一直留在孩子心中，引發孩子的自卑感，久而久之，就變成孩子的「自動化思考」**。遇到困難或挫折時，腦海中自動浮現父母對自己說的話，而認為自己做不到或覺得自己很糟。

事實上，每個孩子都是獨一無二的，都有自己的長處和短處，沒有誰比較好。

2. 盡量對孩子一視同仁：可能因為孩子的個性或成績等因素，**父母比較疼愛某個孩子，這是人之常情，但請不要表現出來**。不要讓孩子覺得因為愛撒嬌或成績好，就比較受寵，這樣可能讓其他孩子感覺到不被愛，甚至有無助的感覺，認為自己不管怎麼樣，都無法得到父母的愛，或是永遠比不上哥哥，**而影響孩子的自我價值**。

3. 看見孩子不同的**優勢能力**：有的孩子課業成績好，有的孩子體育好，每個孩子一定都有屬於自己的優勢能力。**縱使這個孩子再普通，一定也有他做得好的事情。當父母能肯定與看見時，孩子也能欣賞自己的好**，看見自己的優勢能力，培養自信。

4. **鼓勵「合作」代替「競爭」**：有些事情，可能妹妹做得比較好，那麼，妹妹就可以當小幫手，幫忙姊姊，反之，姊姊亦同。強化孩子的優點，引導兩人互相幫忙及合作。例如姊姊教妹妹功課，妹妹帶個性較害羞的姊姊出門買東西。當有一方願意幫忙，爸媽也可以邀請另一方表達感謝。

抱怨父母不公平

——「爸媽偏心，都要我讓弟弟！」

我離開那所學校好幾年了，但我對她還是印象深刻，那是一個臉很臭的女生。

我因為「美工刀事件」而認識她。事發那天，兩人在班上叫囂，其中一個女生生氣的對另一個女生丟美工刀，結果美工刀卻劃過剛好從旁走過的她的手，當場血流如注，班上同學一陣尖叫。還好傷口並不深，她去健康中心包紮後並無大礙。

當下，吵架的兩個女生都被叫到了學務處。去美工刀的女生家長當天也到校，親自向她的家長道歉。

事件隔天，我到班上進行班級輔導，因為班上大部分同學都目睹了這件事，需要有個情緒的出口，也藉這個機會把事情說清楚，避免後續有更多渲染。

丟美工刀的女生被記了小過，另一個女生因為也罵三字經，被記了警告。

但在班級輔導過後，她的情緒還是很激動。同學陪她來輔導室，她憤恨不平的訴說這件事，一邊說，一邊哭。

她希望那個女生轉學，一輩子都不想再見到她。因為她覺得丟美工刀這個動作很危險，根本就是預謀殺人。「如果今天剛好刀丟的位置是割在我脖子上呢？那我不就死了。我根本也不會在這裡，而且她根本不是真心的道歉。」

我們談了三次之後，她還是對那個女生很不滿，但話題從這件事情轉到了她的家庭。

「我是不是要死掉，你們才會聽我說話！」

原來，她不斷的和爸媽訴說希望該女生轉學，但爸媽覺得事情都過了快一個月，該女生和家長也都道歉了，為什麼她還要這麼堅持？爸媽覺得她根本就是小題大作、想太多。父母的冷處理，讓她更加激動；她得不到她想要的答案，於是她更用力、大聲嘶吼。

「我昨天說我是不是要死掉，你們才會聽我說話！我爸就對我大吼說：『你真的很吵，到底有完沒完啊！』還給我一巴掌。」她說得聲嘶力竭，眼淚撲簌簌的掉下來。

她訴說更多的是，從小到大父母不公平的地方。

「小時候，弟弟搶我玩具，我只是想把他推開，輕輕推他一下而已，結果他自己不小心跌倒撞到頭在那邊哭，爸媽就很兇的罵我。明明是他先搶我玩具的，我爸卻說：『你是姊姊，玩具借弟弟玩一下，有什麼關係？』

「我覺得爸媽根本就把他給寵壞了。他一天到晚在學校闖禍，但爸媽從來沒有大聲罵過他。小時候，我爸覺得我字寫得醜，就叫我全部擦掉重寫；我拿筆的姿勢不對，就用筆敲我的手，超痛的。到底為什麼差這麼多！」

父母將所有希望寄託在她身上

她現在九年級，有一個小五的弟弟。弟弟疑似有ＡＤＨＤ（注意力不足過動症），但沒有穩定就醫，常常在學校惹事，例如打架、作弊、弄壞同學東西、不寫作業，成績排名也是班上倒數。

和弟弟相比，她是個品學兼優的好孩子，只是個性比較拗而已。

她的父母常接到導師電話，甚至需要到校處理弟弟的事情，簡直是疲於奔命。在父母心中，她是個不用父母操心，就能自動自發把事情做好的孩子，因此，**父母的心思都放在弟弟**

身上，同時也把全部的希望寄託於她。**對待她的標準，也更為嚴格。**

「弟弟有一次月考數學及格，我爸就給他買手機。但我只要沒有考前五名，就被罵個半死。我跟我媽抱怨，她就說：『因為你本來就比你弟弟優秀，是可以要求的孩子。』那我就活該，比較辛苦嗎？」

她用力的吶喊著，想引起爸媽的關注和在乎，希望父母疼惜自己、好好安撫自己的不平。**美工刀事件只是個引爆點**，引爆了她在這個家覺得父母有多不公平。但她喊得越大聲，父母卻更難理解她，覺得她很情緒化、愛計較，反而離她更遠了。

渴望父母挪動看弟弟的眼光，多看自己一眼

我打電話給她的媽媽，媽媽很困惑。「她小時候很乖、很聽話，功課什麼的都不用我們操心，怎麼現在變得這麼愛跟弟弟計較、愛生氣？

「事情發生那幾天，我也都有聽她說，但她還是一直講、一直講，越講越激動，講到我們都受不了了……」

我試著讓媽媽理解她不斷訴說的原因，其實是渴望父母挪動看弟弟的眼光，能多看自己一眼，能被「公平」的對待。

如果父母願意停下來，好好聽聽她在說什麼。**理解她不斷訴說背後的渴望，讓她感受到被愛、被重視、被支持、被肯定，或許她就能好好說話**，不用那麼聲嘶力竭，把周圍的人都嚇跑了。

父母在練習付出愛時，能被她收到。她也在練習如何把自己的需要，好好的說出口。

●●●

最愛的家人，因為是那麼的在乎，情感越緊密，卻越是糾結。

但正因為是那麼的痛，改變才如此深刻。

心理師想說：

「公平」在孩子心中是很重要的一件事

「你是姊姊，要讓弟弟。」這是老人常常會聽到的話。但**父母如果越強調手足間排行的責**

任，可能會讓老大感到嫉妒及不公平，覺得「為什麼因為我比較大，我就需要禮讓」，而對老二更加不滿，或許會私下找機會報仇，例如偷捏弟弟一把。而老二也會馬上學到「反正我就是比較小，哥哥姊姊本來就要讓我」，無法學會分享，也有可能較為自我中心。

「公平」在孩子心中是很重要的一件事，但很多父母會覺得很弔詭，因為本來就很難做到完全公平，每個孩子因為年紀、性別、個性、興趣等個別差異，父母只能盡量做到對孩子一視同仁（例如老大有的東西，老二也有；無論姊姊或弟弟，每天都只能玩電腦半小時）。

因此，當孩子覺得父母什麼地方不公平時，**父母可以引導孩子思考，為什麼父母對每個孩子的要求不同**，例如文中姊姊的個性很自動自發，因此只有態度不佳時會被糾正；弟弟寫作業會拖拖拉拉，爸媽就特別會盯他，還會抽考。

姊姊成績比較好，所以爸媽對姊姊的要求比較高，同時也大大肯定姊姊的自動自發和努力，以及感謝姊姊願意教弟弟功課，幫了爸媽好大的忙。

讓孩子理解因為每個人的需要不同，所以爸媽會視情況，給予不同的要求。**這樣的愛，是最適合每個人的愛，而不是齊頭式的平等。**

「家庭星座」對手足的影響

阿德勒提出家庭星座（Family Constellation）及出生序（Birth Order）的概念，認為家庭中手足之間的排序會影響每個人的心理位置，像文中的老大，家中的長子通常會得到最多關注，且在弟妹出生之前是獨子的地位。因此，在老二出生後，可能會感到老二奪走了父母對自己的疼愛，而對弟弟妹妹有敵意。另外，因為老大被期待要照顧弟弟妹妹，也較容易成為領導者或照顧者。

那麼老二呢？老二從出生開始，就要面對與老大競爭的壓力。父母很容易拿孩子們來比較，於是老二傾向發展出與老大不同的能力或專長，努力超越老大，否則很容易活在老大的陰影下。

曾經有個孩子對我說，哥哥會念書，又會打球，媽媽一直叫他要向哥哥看齊，或是問他為什麼成績不能和哥哥一樣好。他因此覺得自己什麼都不會。其實他很喜歡畫畫，但媽媽一直覺得畫畫沒有用，讓他感到很自卑。

排行在中間的孩子，因為前面有老大，後面有老么的分寵，中間的孩子比較容易被忽略。為了被看見，可能較容易出現問題行為，試圖吸引大人的注意及關愛。但另一方面，中間的孩子也有可能是協調者，比較知道如何協調兄弟姊妹之間的紛爭。

老么可能是家中最受寵的那個，而且不必承擔太多的責任，因此容易被過度保護。這使得老么比較能做自己，擁有更多的創意、想像力，活得更自由自在，但也可能較為自我中心，就像文中的弟弟。

現在很多家庭只生一個孩子，由於獨生子習慣與成人相處，因此可能顯得更為早熟、世故。因為家中沒有其他手足，也有可能較不擅長與他人合作。

最重要的，是父母對孩子的態度

阿德勒也提到，自己如何詮釋在家中的地位，比實際的出生序更為重要。像有些家庭中，先有女兒之後生兒子，在家中重男輕女的觀念下，視老二為長子，因此，老二反而比老大背負著更多人的期待，要有好表現。

因此，最重要的，其實是父母對孩子的態度。心理學家庫李（C.H. Cooley）提出鏡中自我（Looking-Glass Self），認為人與人之間就像一面鏡子，我們從他人的回饋中認識自己、建立自我概念，**父母對孩子的回饋與期許，對於孩子的人格發展影響重大。**我們希望孩子變成什麼樣子，對孩子影響深遠。

每個孩子都是獨一無二的，不需要和他人比較。就像樹有樹的挺拔，花有花綻放的美，父母宜鼓勵孩子適性發展。例如吳季剛能成為享譽國際的設計師，是因為父母沒有嘲笑他玩洋娃娃、沒有禁止他幫芭比縫衣服，反而鼓勵他去探索他有興趣的所有美的事物。若父母只是一味的叫他讀書，可能就沒有今天的吳季剛了。

父母、老師可以怎麼做：

1. 強調手足關係的重要性：父母將來有一天會不在，手足是最親的家人，可以相互依靠、互相幫忙。
2. **幫助孩子說出覺得不公平背後的渴望和害怕：**「你會覺得不公平，是因為你怕爸媽比較愛弟弟，而不愛你嗎？」當孩子感受到被理解、被關注，就能幫助他消化情緒。
3. 父母管教態度應一致：孩子其實很敏銳，有所求時，知道要去找比較好說話的那一方，造成父母管教上的困難。父母可以一人扮黑臉，一人扮白臉，但底線和對孩子的要求，應該一致。

關於吵架：

1. 孩子吵架時，父母往往想要快速處理，以得到片刻的安靜。但其實**手足間的爭執及競爭有助於孩子的發展**。當孩子與他人意見不同時，能學習說出自己的想法，學習如何解決衝突、適時妥協及分工合作，培養與人互動、解決問題的能力。

因此，當孩子吵架的時候，我不會馬上介入，**我會先從旁觀察他們如何吵架**。因為若父母過度涉入，孩子容易打小報告。

但越年幼的孩子，越需要父母介入，因為孩子還不會討論，只會說：「是我的玩具！」而吵不出結果。

2. 若父母覺得手足間爭執太嚴重，需要出面處理時，可以讓孩子輪流發言，另一個人練習傾聽。**讓孩子訴說發生了什麼事、自己的想法和感受，對方錯在哪裡、自己錯在哪裡**。

另外，幫助孩子理解對方的行為動機，也很重要，例如「弟弟被罵笨蛋覺得很受傷，才踢了哥哥一腳」，「哥哥被踢，覺得不甘示弱，所以也打回去」。最後，讓手足討論，可以如何解決衝突。

3. 訂定吵架的規則：不可以傷害自己或對方、不可以口出惡言、吵架過後要和好。

4. 處理孩子吵架時，父母應保持情緒平穩：不以暴制暴、體罰、大吼，以及避免「情緒勒索」的言語，例如：「你再……我就不愛你了！」

5. **不用「連坐法」**：手足吵架時，父母把玩具全部沒收，其實是不公平的做法。例如哥哥故意霸占玩具，不給弟弟玩，弟弟又急又生氣。此時，若父母採取連坐法「兩人都別玩」，反而順應了哥哥「我不能玩，你也別玩」的心態。

6. **不讓「哭的孩子有糖吃」**：孩子哭的時候，讓孩子先進房間好好的哭，等孩子情緒冷靜之後，再出來說。

關於玩玩具：

1. 輪流玩玩具：玩具誰先拿到，誰先玩，玩完，換下一個人玩。若雙方剛好想玩同一個玩具，則讓孩子彼此討論、協調出方法，例如猜拳決定誰先玩，或是一起玩。**父母不要要求大的一定要讓小的（尤其是年紀差距很大的手足）**。

2. **讓孩子覺得「一起玩比較好玩」**：例如自己玩車車，只能和自己比賽，如果和哥哥一起玩車車，兩人可以發展出更多玩法，例如做出更多不同的軌道來比賽。

3. **尊重孩子的「所有權」**：很多家長認為「不與人分享，就不是好孩子」，但其實「尊重孩子的所有權」與「分享」是兩個不同的概念，讓孩子自主決定是否分享屬於自己的玩具；若孩子願意與人分享，則是更高的層次。

當父母離婚、分居

——「你來找爸爸就是來要錢的，是不是？把我當提款機對吧！」夾在父母中間，不知所措的孩子

七年級的她和媽媽及妹妹同住，妹妹讀小二。她的爸媽沒有離婚，但已經分居兩年。媽媽常向她抱怨爸爸都亂花錢。因為爸爸的不負責任，讓她一個人顧兩個孩子，還要上班，有多辛苦；還說這輩子根本就是嫁錯人，叫她以後眼睛要擦亮一點，別被男人給騙了。

她每次聽到這些，都不知道要怎麼回應媽媽，只能默默點頭。

但最讓她困擾的，是媽媽常常要她去跟爸爸拿錢。

去找爸爸的前一週，她幾乎天天失眠

她和妹妹通常一個月會去找爸爸一次。媽媽總會指派一些任務給她，例如跟爸爸要補習費、營養午餐費、鋼琴費或妹妹的球鞋壞了需要買……

一開始，她曾經試探性的和爸爸提起什麼費用還沒繳，爸爸像是開玩笑的說：「你來找爸爸，就是來要錢的，是不是？把我當提款機，對吧！」雖然爸爸沒有罵她，但她覺得好尷尬。從此以後，她再也不願和爸爸提錢的事情。

但如果沒有拿到錢，她都戰戰兢兢的回家，因為一回家，就會被媽媽罵得狗血淋頭：「你這個沒用的東西，連跟你爸拿個錢都不會！你還會什麼？」

原本她很喜歡去找爸爸，但現在，去找爸爸反而變成好大的壓力。要去找爸爸的前一週，她幾乎天天失眠。

家裡少了一個人，但沒有人問為什麼

我們討論，**她不是跟爸爸拿零用錢，而是生活中必要的開銷。**雖然爸媽分居，但爸爸還是有撫養她們的責任。我也告訴她，**爸媽應該要自己溝通協調金錢的部分，而不是讓孩子傳話。**

她說這些她都知道，但她只要一想到要跟爸爸拿錢，想到爸爸不知道會有什麼反應，就覺得壓力好大。爸爸曾經跟她訴苦，說沒有錢。她不知道是真的，還是假的。她也很替爸爸擔心。

媽媽心情好的時候，是個很好的媽媽。每天晚上都煮好吃的飯菜，假日也盡量抽空帶姊妹倆出去玩。她喜歡跟媽媽分享學校好玩的事情。但只要提到任何跟爸爸有關的事情，媽媽臉就變得很臭，一不小心就會掃到颱風尾。

小五那年，爸爸開始越來越不常回家。某一天就搬出去住了，她不知道為什麼爸爸要搬出去，但她不敢問。**她的心，有了好大的缺口。**

家裡少了一個人，但沒有人問為什麼，彷彿本來爸爸就不住在家裡似的。

她不知道為什麼爸媽會分開。她好想回到過去爸爸、媽媽、她和妹妹一起住的時候，現在的這個家，已經破碎了……她一邊說著，一邊掉下眼淚。她好希望可以回到從前。

「以前爸爸還住在家裡的時候，我們吃完飯，就會一起出去散步，外面都是田，好黑，我一直想像會遇到怪獸之類的，有點害怕，但是那個時候好開心，爸爸會說笑話，大家就一起笑……」

她原本和爸媽感情都很好，因此對她而言，這是好大的打擊。但妹妹本來就比較黏媽媽。爸爸有沒有住家裡，妹妹好像不太在意。

突然的一巴掌

有一次，她們去找爸爸。媽媽打電話來說，她沒有做晚餐，突然好想吃麥當勞，希望她們和爸爸吃完晚餐後，幫她買回家。

當爸爸問她們想吃什麼，姊妹倆盡責的回答麥當勞，但爸爸皺了皺眉頭，數落小孩子怎麼可以吃這麼沒營養的東西，然後帶她們去吃義大利麵。

吃飯的時候，她緊張到有點想吐，一直在想回家後，要怎麼跟媽媽交代。她實在沒有勇氣跟爸爸開口。

用完餐後，餐廳外面有人在賣杯子蛋糕，爸爸見她一直看，就說：「買三個，你們帶回家吃好了。」

她不敢說媽媽想吃麥當勞，但拿著爸爸買的杯子蛋糕，安慰自己有帶東西回家，好像還能和媽媽交代吧……

回家以後，媽媽看著低著頭的她，給了她一巴掌，然後就去煮麵了！

杯子蛋糕掉在地上，旁邊還有碎掉的蛋糕渣，就好像這個在她心中已經破碎的家。

她跑進房間，用被子蒙著頭一直哭，哭著哭著就睡著了。在夢裡，她回到了過去那個四個人的家，大家都在笑……

睡夢中，媽媽好像有進來和她道歉，但後來，反而是她一直跟媽媽說對不起。

像夾心餅乾一樣，說什麼都不對

她每次來晤談，都述說差不多的困擾，例如重複的說哪時候要去找爸爸，她覺得壓力很大，媽媽又因為什麼事情心情不好。**我們討論了很多讓自己安心一點的方法**，也澄清向爸爸要錢，本來就不是她的責任。**我們一起練習把爸媽傷人的話放一旁，練習別放在心上**，但似乎沒有太大的效果。

爸爸也會要她傳話，像是希望媽媽原諒他，買東西請她轉交給媽媽，問她「媽媽平常有沒有和誰聯絡」等等。她常常不知道怎麼回答爸爸。因為媽媽只要一提到爸爸就會發火，她不想讓爸爸知道，怕爸爸傷心。

她覺得自己好像很容易就惹惱爸爸或媽媽，像夾心餅乾一樣，說什麼都不對，只能跟著附和。

她本來就是個貼心又細膩的孩子。爸爸離家後，她主動承擔起爸爸角色的責任。去國小接妹妹放學，回家先洗餐盒、洗菜切菜、洗米放電鍋、收衣服、摺衣服，還有督促妹妹寫作業。等媽媽回家後，把菜炒一炒就可以吃飯了。

媽媽主動對她說……

我們談了兩個月後的某一天，她說媽媽不知為何知道她去輔導室找輔導老師。那天，媽媽淡淡的跟她說：「是因為你爸在外面有女人，我才要他搬出去的。我原諒過他一次，但被我發現他們還是有聯絡，我沒辦法再給他機會了，但你爸又不願意離婚，所以……我希望你不要為這件事情心情不好。不管怎樣，他還是你爸爸。」

這個消息對她而言好震驚。她沒辦法想像一向溫文儒雅的爸爸會做這樣的事，但她現在終於懂了，這也讓她對媽媽多了一份理解。

以前她都會在心裡埋怨媽媽太兇、覺得是媽媽把爸爸趕走的，但現在，她跟我說：「爸媽分開，也沒有關係……或許這樣，對他們兩人都好。我還是能看見爸爸媽媽，他們也不會像之前那樣一直吵架，家裡氣氛很不好。」我很驚訝聽到她這麼說。

當媽媽把事情說清楚，她心中的困惑，終於有了解答，不用再辛苦的猜測，心中的結也能鬆開一些。

她還在學習如何在承接父母情緒的同時，不讓自己那麼受傷；**或許之後的某一天，她也能開始讓爸媽知道她心裡的感受，而不再需要獨自承擔。**

我相信絕大部分的家庭想給孩子的愛，都遠遠大於傷。願愛能將傷痕緊緊包覆。

心理師想說：

在父母正式離婚之前，父母可能已經有冷戰、爭吵，或像文中的分居狀態。這時候，父母可能正為了處理自己的婚姻狀態而焦頭爛額，無暇顧及孩子的身心狀態。或是父母可能覺得孩子還小、還不懂，但**其實孩子通常能敏感的察覺到家裡的變化。**

有些孩子會有退縮、退化的反應，例如尿床、怕黑、啃指甲、拔頭髮等行為。有些孩子會出現焦慮、憂鬱、害怕等反應。他們可能會感到自責，擔心是因為自己不乖，害爸媽吵架，甚至分開。有些孩子會把心事藏在自己心裡，或是轉移注意力，把注意力放在同儕關係，或是投入愛情中。

有些孩子開始學會看大人臉色，隱藏自己的情緒，努力把該做的事情做好，不讓父母擔心，甚至承擔缺席的一方的親職責任，就像文中的她，變成了「**親職化兒童**」（parental child），**主動承擔更多家事、照顧妹妹的責任，還有聽媽媽訴苦，成為家中的小小支柱**，讓大人感到無比安慰。

這樣的孩子可能因此得到家人的認同、肯定，甚至是依賴，但大人卻忽略了他其實還是個孩子，**他也有被照顧的需求。**

孩子可能面臨的各種變動

夫妻關係可能因為離婚而中止，但父母卻永遠都是孩子的父母。在父母醞釀離婚或離婚後，孩子的生活被迫產生變動，例如父母分居，孩子選擇要跟誰，跟著某一方搬家或轉學。這對孩子來說，改變的不只是生活環境，孩子也可能和原本熟悉的朋友、老師分開，需要重新適應新環境。

另外，父母雙方的管教方式可能並不一致，規定的就寢時間、使用手機的時間、對孩子成績的要求、零用錢等並不相同。孩子可能會感到無所適從，或是覺得跟誰在一起比較好，也有可能表達不滿：「我在媽媽家都可以，為什麼在這裡不行？」

有些父母之間的衝突非常強烈。他們可能在孩子面前說對方壞話，讓孩子覺得自己被迫選邊站，或是像文中試圖讓孩子傳話，甚至希望孩子探聽另一方在做什麼或說了什麼。孩子在第一線承接了父母對另一半的情緒，可能讓孩子在適應父母離婚時，更加困難及辛苦。

但也不是所有經歷父母離婚或分居的孩子都會適應不良，或產生心理創傷。事實上，絕大多數的父母不是故意要傷害孩子。若父母可以更細膩的處理，多留意孩子的感受，父母雙方能維持理性的溝通及協調，讓孩子感受到父母雙方對他的愛不曾改變，孩子將能更快適應父母離婚後的生活，健全成長。

若父母準備離婚或分居，父母可以怎麼做：

1. **和孩子說清楚發生什麼事情，且開放的和孩子討論他的感受和想法：**「唉，你也知道你媽那個性……老爸也不知道該怎麼辦。爸媽相處上遇到一些困難，決定不再一起住了。

家裡將會有一些變化，可能你會感到害怕、擔心，那都是正常的，我們一起面對。爸媽只是分開住，還是一樣愛你。爸媽離婚不是你的錯，你也能在假日（或什麼時間）看到媽媽，你覺得如何？」

這些話，讓孩子知道離婚不是他的錯（降低罪惡感），而且父母對他的愛是不變的（安全感），孩子知道什麼時間能看到爸爸或媽媽（控制感）。

2. **允許孩子愛爸爸，也愛媽媽。**
3. 讓孩子自在來回兩個家。
4. 讓孩子知道，無論如何爸爸和媽媽都愛他、關心他。
5. **他或許不是個好太太（先生），但他還是能當孩子的好媽媽（爸爸）。**

父母不要做：

1. 不在孩子面前說對方的壞話。

2. **不要叫孩子選邊站，或問孩子比較愛誰。**

3. **不要讓孩子當夾心餅乾，面臨「雙重忠誠」的困境：**例如看到媽媽就只能說媽媽好，還要陪媽媽一起說爸爸壞話。

4. 不要要求孩子傳話，例如「去跟你爸要補習費」。

5. **不要要求孩子做間諜，**例如孩子和爸爸見面，回來要跟媽媽報告：「爸爸說了什麼，或做什麼事。」

6. 不說情緒勒索的言語：例如不跟孩子說：「我都是為了你才……」讓孩子感受到自責及罪惡感，覺得是自己的錯，才導致父母分居或離婚。

7. 若孩子因為父母離婚而產生身心狀況，如吃不下、睡不好、憂鬱、焦慮、易怒、退縮等狀況，責怪對方可能會讓孩子狀況變得更糟。這時，需要的是雙方理性溝通，一起尋求專業諮詢，如學校老師、精神科醫師、心理師、社工師等，共同合作，幫助孩子適應父母離婚的變化。

生活在繼親家庭

——「你們是不是只愛親生弟弟？」總覺得自己被拋棄的孩子

小學六年級的某天，邦邦無意間聽到奶奶跟爸爸的對話，提到現在的媽媽是繼母，邦邦好驚訝。原本奶奶還想否認，但拗不過邦邦不斷的追問，奶奶終於告訴邦邦：「你親生媽媽在生下你不到一個月，就把你丟下離開了。」

這件事情對邦邦打擊很大，他覺得自己就是個被拋棄的孩子。

奶奶看邦邦這麼難過，安慰邦邦：「你媽沒有盡到她該負的責任就離家出走，是個不負責任的媽媽，不要去想那種人。你現在也有媽媽，她對你很好呀！」

邦邦聽了，轉頭就走。他一點也不想聽這些。

可能因為邦邦剛進入青春期，開始有很多自己的想法，也討厭被爸媽管。原本邦邦和繼母的衝突就多，因為這件事，邦邦開始覺得因為自己不是繼母生的，所以繼母才要處處針對自己。

成績從前五名，變成倒數五名

邦邦和繼母在一次激烈的口角衝突之後，氣到離家出走、中輟，住在網友家。邦邦還用鐵絲在手上刺青、抽菸喝酒。原本成績前五名的邦邦，變成倒數五名。離家一個多月後，邦邦被警察找回家，爸爸狠狠打了邦邦一頓。

邦邦國小的輔導老師試著讓爸爸理解，邦邦因為知道媽媽是繼母，受到很大的衝擊，才會有這些舉動。

但爸爸覺得不管媽媽是生母還是繼母，邦邦都不應該離家出走。大家都對邦邦很好，是邦邦自己不懂得珍惜，整天在那裡胡作非為。

接下來要上國中了，爸爸看邦邦變得如此叛逆，決定把邦邦送到嚴格的住宿型天主教學校，但情況完全沒有好轉。

一學期內，邦邦就在校內喝酒、抽菸、打架、頂撞師長，還在宿舍燒東西，被記了三個大過。爸爸只好把邦邦接回來，轉學回到學區內的國中。就這樣，邦邦來到了我們學校。

每次都氣得說要離家出走

邦邦來輔導室最常的開頭就是「我又和我媽吵架了！」一臉無奈卻又帶著苦笑。詢問之下，我發現總是日常生活中的瑣事。

「昨天我回家先收衣服，但媽媽回家後，只問我為什麼沒有洗碗，還說我沒有下來幫忙拿東西，我就在陽台收衣服，沒有聽到啊！

「我爸唸我沒關係，但是我媽為什麼要在旁邊搧風點火。她誤會我，我都忍下來了。吃飯的時候，她又說什麼我臉上長一堆痘痘，不要吃太辣，我只是點小辣而已……

「拜託，我還幫忙照顧弟弟耶！她就什麼都可以唸，我覺得我做什麼都是錯的……我都沒有回嘴，我已經很努力給我媽面子了。她再這樣機車，我下次一定要離家出走。」邦邦每次都氣得說要離家出走。

還好邦邦說歸說，並沒有像之前一樣離家。

為什麼大人的關心，青少年卻覺得被責備？

我看見繼母其實很關心邦邦，只是繼母說話的方式，讓邦邦感受不到被關心，反而覺得被責備；邦邦也盡量努力在配合繼母的要求，遇到不順心的事情，選擇忍耐。只可惜兩人都不知道對方所做的努力，那個努力的背後是對對方的愛啊！

邦邦被生母拋棄的傷痛，沒有被家人正視。邦邦的爸爸無法理解「大家都對邦邦這麼好，邦邦還要覺得自己被拋棄，根本就是想太多」。邦邦的爸爸表面上看似無法理解邦邦，但**我看見爸爸責備邦邦的背後，其實是想告訴他——大家都很愛他。**只是兩個人說出來的話就像在平行時空，找不到交集。

「其實我很羨慕弟弟，他和爸媽才是真正的一家人，我是多餘的。我就算死了，也沒關係，反正還有弟弟……」邦邦有一個同父異母的弟弟，今年八歲。

「我改變很多，爸媽都看不到。」

解鈴還需繫鈴人，我想邀請邦邦的爸爸來談。我看到邦邦的家人明明彼此相愛，但卻因為一些誤會而彼此疏遠，我感到很惋惜。但邦邦堅決反對。

「我就是不想讓我爸知道才跟你說這些，因為我不想破壞他們的關係。我覺得我離開是最好的方法……反正我國中畢業就會搬出去住，只要再忍耐一下就好了！他來，又聽不懂，反而更麻煩。我回去會被罵更慘。」

我對邦邦說：「聽到你這樣說，老師還滿心疼的。你很貼心的替爸媽想，願意幫忙做家事，也很努力忍耐，不回嘴，真的很不容易。」

邦邦生氣的附和：「對呀！我之前還中輟，出去跟朋友鬼混，現在都沒有了，我改變很多，他們都看不到。

「我曾經跟我爸說媽媽哪裡不好，結果我爸說，你親生媽媽沒養過你，**是生的重要，還是養的重要？**你到底知不知道感恩。之後，我就沒有再說這些了……」

終於知道生母的名字了

某天一早，我才剛進辦公室，發現邦邦已經在輔導室等我。邦邦雀躍的對我說：「老師，你怎麼這麼慢？我跟你說，我看到戶口名簿上面有我媽的名字。我沒有看過她的照片，但我終於知道她叫什麼名字了……」

邦邦努力尋找一絲一毫他和生母的連結，**好像這樣，就能讓他不再覺得自己是個被拋棄的**

孩子。但我依然能看見邦邦雀躍底下的落寞。

「其實，我不敢跟我爸提到親生媽媽。我從來沒有見過她，我一直在想她到底長怎樣，是怎樣的人，現在過得好嗎？我想知道為什麼她要丟下我。有一天，我想去找她問清楚。但我只要講到這個，我爸就會很生氣……他覺得我現在的媽媽對我不好嗎？為什麼要一直想這個！」

那是一張失落的臉。邦邦這個孩子表面看似大剌剌、放蕩不羈，但心思卻是那樣的細膩，讓我覺得很不捨。

他仍在找心裡的那個媽媽

親生媽媽的離家，對邦邦來說是心裡那失落的一角，他只是想要找到答案而已。

國中畢業後的邦邦，真的離家住校了。我看著他的Facebook大頭貼，都是和「不同」的女朋友臉貼著臉的親密合照，看起來交往都沒有超過三個月。

我知道邦邦是在找心裡的那個媽媽，那個他內心深處最渴望，一個可以好好呵護他、絕對不會拋棄他的人……

假日才回家的邦邦，因為和家人的距離拉遠了，可以不再因為瑣事爭吵，而邦邦也能感受到爸爸、繼母、弟弟對他的愛。**愛其實一直在邦邦身邊，從來不曾失去。**

心理師想說：

近年來，除了單親家庭逐漸增加外，再婚率也隨之提升。而繼親家庭是指離婚的母親或父親帶著孩子與單身男性或女性結婚，或是曾經各自擁有家庭的兩方，選擇將兩個家庭重組在一起生活。由於**繼親家庭經歷了初次結婚、離婚、單親、再婚等歷程，繼親家庭的組織和成員遠比單親家庭還要來得複雜。**

繼父母和孩子相處上的困難

在繼親家庭中，繼父母和孩子的相處上容易產生什麼困難呢？社會對於繼父母有刻板印象，例如童話故事中灰姑娘和白雪公主的壞巫婆繼母，使得有些繼父母怕被貼上虐待的標籤，而疏於管教孩子，孩子也容易對於繼父或繼母一開始就有防衛的心態。社會上對於繼父的不利報導，例如繼父性侵繼女的新聞，也可能讓繼父選擇和繼女保持更遠的距離。

在繼親家庭中，繼父母的角色也確實難為。管太少，怕別人說自己沒有照顧好孩子，管太多，又怕別人說虐待。

邦邦的爸爸很苦惱，爸爸覺得雖然邦邦的親生媽媽離開，但繼母很努力的照顧邦邦，為什麼他還那麼在乎自己被媽媽拋棄？繼母也很傷心，覺得自己這麼用心的帶這個孩子，結果邦邦卻因為知道自己不是親生的之後，更覺得繼母只疼愛弟弟。

在繼親家庭心理適應的研究中發現，繼親家庭子女比一般家庭子女有較多的心理困擾。若孩子在繼親家庭中適應不良，則所經歷的失落經驗，更易造成衝擊。孩子可能情緒不穩定、容易感到自卑、自我概念低落，較難與人建立穩定的關係。

心理適應方面，繼親家庭的成員帶著原先的生活習慣到了新的家庭，但又必須重新適應新的家庭規則和文化，可能以前被允許玩手機到晚上十點，但是在新家庭中，卻無法擁有自己的手機，而感到適應不良，甚至產生親子衝突。

另外，繼父母取代了生父母在家庭中原本的位子，有些繼親家庭的孩子認為自己應該要對親生父母忠誠。**如果自己和繼父母好，就是背叛了生父母。**

繼親家庭中，不管是孩子或大人，彼此都需要時間調適

父母再婚之後，孩子看到自己的父或母與再婚的另一半感情越來越好，會覺得自己變成外人，因此，繼親子女可能會拒絕繼父或繼母的善意和管教。繼親家庭的孩子，對於新出現的手足，可能感到焦慮，**擔心新的手足將取代自己在再婚父親或母親心中的地位**。研究中提到的這兩個狀況，也是邦邦遇到的困難。

很多父母離異的家庭中，不允許孩子提到離婚的另一半或是見面，不斷在對方面前抱怨另一半，甚至問孩子，你比較愛誰，要求孩子選邊站等，其實這些對於孩子都是很大的困擾。讓他們感覺自己夾在中間很痛苦，被迫要跟著父親或母親站在同一方。

其實，就算另一半犯了錯，但對於孩子而言，爸爸媽媽就是他最親近的人。就算離婚了，孩子還是有權利擁有父愛和母愛。

曾經有個孩子在父母離異後，時常焦慮到過度換氣。在孩子不理解的情況下，覺得父母會離婚是因為自己不乖、不聽話才離開，而感到自責或愧疚。

這幾年和孩子晤談的過程中，我會問父母離異的孩子，父母離婚時是怎麼決定要跟爸爸，還是跟媽媽。大多數的孩子跟我說，不是他決定的。繼親家庭的孩子也是一樣，若沒有人問過孩子的意見、孩子是被告知，或是被迫接受的，那麼，他可能會對於原有生活的

崩解，感到更焦慮。

繼親家庭中，不管是孩子或大人，都面臨了日常生活和重要關係的重大改變，彼此都需要時間調適，適應新的生活和新的成員。因此，若離婚的雙方不在孩子面前攻擊對方，在家庭將要發生變化時，能開放的和孩子討論接下來的改變，給孩子一點時間準備，理解孩子的擔憂和焦慮，將傷害降到最低。

若能妥善處理，對於孩子來說，不管父母離婚或是再婚，孩子都一樣能感受到父母和繼父母滿滿的愛。

若父或母準備再婚，父母可以怎麼做：

和孩子說清楚發生什麼事情，且開放的和孩子討論他的感受和想法：「你會有一個新的爸爸和哥哥，你可以先叫他叔叔。一開始，可能會不太習慣，會需要一點時間來適應，你覺得呢？如果有任何問題，要跟媽媽說喔！雖然爸媽沒有繼續住在一起，但是媽媽和爸爸還是一樣愛你。」

這些話，向孩子預告新生活會有什麼改變，**讓孩子對於未來生活有心理準備（控制**

感），**也讓孩子知道他所擁有的父母的愛是不會改變的（安全感）**。若父或母再婚，讓孩子有了新的手足，讓孩子知道爸媽同樣愛每個孩子。

父母不要做：

1. 不要禁止孩子想念生父或生母，或禁止孩子和生父或生母見面：因為孩子除了親生爸媽，**父或母再婚，是讓孩子多了一個人愛他，而不是把原本的愛給搶走**。
2. 不強迫孩子很快就要接受繼父或繼母，尊重孩子的速度。
3. 不要去比較生父母和繼父母的好壞。

生長在新住民家庭
——瞧不起爸媽，是因為瞧不起自己

他生長在一個弱勢家庭，爸爸六十多歲且行動不便，走路一拐一拐的。媽媽是越南籍，家中經濟全靠媽媽一人做資源回收維生。媽媽說話的口音很重，我要很費力才能聽懂。

八年級的他，是中輟生。在我到這所學校的時候，他已經有將近一年的時間沒有來上學了。出現的頻率大概是一個月來半天。

「這個環境怎麼住人啊?!」

他家離學校很近，騎車三分鐘就到了。我和社工第一次去家訪的情景，至今仍記憶猶新。當時，我心裡只有一個聲音浮現：「這個環境怎麼住人啊?!」

門外的籠子裡養了一隻很兇的狗，不斷朝我們吠叫。籠子裡都是乾掉沒有清的大便，大便堆疊得像一座小山這麼高。籠子旁邊還有很多回收物，例如紙箱、玻璃瓶、便當盒等等。進到他家，家裡有股廚房的油耗味。爸爸坐在露出泡棉的沙發上點點頭，向我們示意。我們表明來意之後，他指了指樓上。

上樓後，他的房間迎面而來的是刺鼻的霉味，我們沒有看到他的蹤影。爸爸說：「那我不知道，可能出門，還是躲起來了吧！」

聽社工說，之前她有一次來家訪，他從二樓跳下來，逃跑了。

他顯然很抗拒我們的家訪，於是我們沒有一間一間房間找他。我寫了一封信，向他自我介紹我是新來的輔導老師，然後就離開了。

第二次家訪，是在三十度的高溫下。他用棉被裹著全身，假裝睡覺。**我只好對著空氣講話，假裝他有聽到。**

他很討厭這個家

一個月後，我終於見到他清醒時的本人。他坐在諮商室的沙發上，看起來漫不經心的樣子。他很瘦，腳就像紅豆冰一樣。他說睡覺的時候，常常腳很癢，有時候不小心就抓傷了。他不覺得來學校有什麼困擾，也沒有不想來學校，只是常常晚上滑手機、打電動玩太晚，早上爬不起來。睡醒的時候，已經是中午了。

他唯一隱約透露出的困擾，是他很討厭這個家，爸媽都讓他覺得丟臉。他和爸爸出門，大家都以為爸爸是阿公。媽媽講話口音很重，而且同學都笑他家裡是撿破爛的。有一次，媽媽幫他送作業到學校，同學模仿媽媽在教室門口找他，話又說不清楚的樣子。他氣得揍了同學一拳，從此再也不讓媽媽到學校。

因為爸爸老來得子，而且是獨生子，雖然家裡經濟不好，但爸爸很寵他，他要什麼，就買什麼。他小三就開始拿iPhone手機，現在已經換了三支，前兩支都是不小心摔壞了。

國小高年級時，他開始會對爸媽大小聲。嫌媽媽煮的東西像ㄆㄨㄣ一樣難吃，他寧可自己出去買東西吃。有一次，因為覺得媽媽管太多，他居然出拳揍媽媽。爸爸發現這樣下去不對勁，拿棍子修理他，他跑給爸爸追。爸爸行動不便，根本追不上，後來只能由著他去了。

一顆老鼠屎，壞了一鍋粥？

他知道媽媽工作很辛苦，但是他實在沒辦法喜歡這個家，所以沒辦法給爸媽好臉色。他恨自己為什麼生在這個家。

我開始可以理解為什麼他不來上學，也不想待在家裡。父母的管教方式讓他恃寵而驕，但他卻又感受不到家裡的溫度。

我和他約定兩週晤談一次，但晤談時間他常常沒來學校，就算有來，也是在班上睡覺，我還要去班上叫醒他。但實際上，真的也談不出什麼。他常常跟我說隨便、還好、都可以，但**我還是固定把那節課留給他**。

在我們努力了將近一個學期後，他終於開始回班上課。但他才剛進班一個上午，導師就來跟我抱怨：「他一進班，上課在睡覺，下課嗆同學，在走廊打球，打破玻璃。好好的一個班，秩序都被他給搞亂了，就像一顆老鼠屎，壞了一鍋粥。他進班，也沒有在學習，能不能繼續留在輔導室？」

我看著導師，一句話也說不出來。

我可以理解導師班級經營上的困難，但卻感覺自己在拉中輟生回校的努力，是孤軍奮戰。

總是說：「不知道、還好、隨便。」

九年級上學期時，他騎摩托車雷殘飛到田裡，因為沒有戴安全帽，頭皮縫了好幾針，腳打著石膏，躺在床上休養。他拚命的跟我解釋，這次會摔車，絕對不是因為他技術差，是因為天雨路滑。我心想還好他命大，只能暗自希望他能記取這次的教訓。下次騎車，要戴安全帽、騎慢一點。

而這個月，是我最常能見到他的時候。等他好了，又是一尾活龍，不見蹤影。

快要畢業前，爸爸騎著摩托車出門，不小心被砂石車捲到車底，爸爸出車禍過世了，他卻一副沒事的樣子。我不知道是因為華人文化告訴我們「男兒有淚不輕彈」，還是因為他對這個家實在是太矛盾了，所以沒辦法表現出對爸爸的愛與不捨。

他是個讓人很挫折的個案。我們談了將近兩年的時間，我還是不覺得我們真的有建立關係了，我也看不到輔導諮商在他身上有什麼成效。

他依舊中輟，依舊常常跟我說：「不知道、還好、隨便。」對於未來，他也沒有什麼想法。他只能領到結業證書。很多這樣的孩子想去念某間高職餐飲科的夜間部。我鼓勵他，不要輕易休學，好好學個一技之長，未來比較不會那麼辛苦。

他沒有說什麼，只是敷衍似的點點頭。

他一定有收到某些我給他的東西吧！

很多時候，輔導諮商不像變魔術一樣，能真的把孩子拉回正軌、改善他們的家庭，或是讓孩子從此過著幸福快樂的日子；**有時候，我們只能做到延緩他惡化的速度。**

之前和一位社工聊天，他跟我說：「我們不是要改變他們，因為這太難了，我們只是陪他們走一段路。」這段話，讓我心有戚戚焉。

很多時候，真的很難看到他們或他們的家庭因為我的介入而有什麼改變，我也有學生在畢業後還是入獄了。**我能做的只是「陪伴」，在他們心中，種下一顆小小的種子，讓它自由成長。**

畢業典禮那天，他給了我一張便條紙，上面寫著：「謝謝你，宜芬老師。」我心想，我跟你談了兩年，我的名字居然還寫錯字……但也很驚訝一向粗枝大葉、看起來滿不在乎的他，居然會寫紙條給我。

我想，他一定有收到某些我給他的東西吧！

這樣就夠了。

心理師想說：

跨國婚姻是全球化趨勢的潮流，近年來，由於資本主義全球化，跨國經濟活動日益頻繁，政府於一九九四年推動「加強對東南亞地區經貿工作綱領」（一般稱為「南向政策」），以及部分人民因經濟因素，導致擇偶困難，使得台灣有越來越多跨國婚姻。

根據內政部的統計資料，二〇一七年，台灣的「新住民女性」已超過五十三萬人，以大陸港澳地區最多，其次是越南、印尼、泰國、菲律賓、柬埔寨等，而她們和台灣男性生下來的孩子，被稱為「新住民之子」，則有約四十萬人，超過新生兒總人數的十分之一。由以上數據，我們可以看到越來越多新住民女性及新住民之子的誕生，已對台灣社會的人口結構，產生重大變化。

心理學家艾瑞克森（Erikson）提出「心理社會發展論」。其中，**青少年階段的發展任務是「自我認同」**。簡單來說，「自我認同」就是透過父母、師長等重要他人，了解自己是個怎麼樣的人，了解自己的能力、興趣、價值觀等等，進而**能認同自己、喜歡自己、知道自己未來的方向**。

若無法順利形成自我認同，則有可能產生「角色混淆」，無法自我肯定、不知道自己為何而活及何去何從。若青少年在此階段產生「角色混淆」，則很有可能影響到下一個階段

——成年早期的發展任務「與人建立親密關係」產生困難。

對於新住民青少年來說，「自我認同」上的困難

不過，對於新住民青少年來說，「自我認同」這個任務，可能更加困難，因為隨著新住民人口漸增，社會上開始出現對於新住民家庭的汙名化。社會大眾或教育單位也擔心這群「新住民之子」導致未來台灣人口素質降低，其背後隱含的觀點是「種族主義」中的「人種品質論」。擔憂新住民女性因經濟、文化背景弱勢，使所生育的下一代人口品質下降。因此，**新住民青少年**，像文中的他，**可能因為感受到負向的看待，而產生較低的自我評價，或是更容易出現問題行為。**

而新住民女性來台的適應也不容易，因為不論何種因素形成的跨國婚姻，新住民女性不僅僅是進入一個新家庭，更要適應新環境、新文化，以及新的語言。也因為社會大眾對新住民女性的眼光，使她們在養育子女能力方面，可能受到歧視。

但在這幾年輔導青少年的工作中，我發現很多新住民子女在國中適應良好，也有很多研究指出，新住民子女的學習成就與一般學生並無顯著差異。而且，新住民子女也有一些潛

在的優勢，例如擁有雙語的學習環境，以及多元文化的視野。這些優勢若得以發揮，則能幫助新住民之子適應得更加良好，甚至能發掘更多潛力。

當孩子瞧不起你，父母可以怎麼做⋯⋯

有些青春期的孩子開始瞧不起父母，這會讓父母感到非常受傷。

文中的他，看到別人家庭的溫暖或經濟優勢而感到羨慕，且因意識到自己無力改變現在的家庭狀態而瞧不起父母。

其實，**他並不是真的討厭父母，而是背後的心情十分複雜、糾結**。他感受到父母愛自己，覺得父母很辛苦，卻又怨恨自己怎麼生長在這個家庭，想逃走，卻又逃不了，而感到更加痛苦及矛盾。

瞧不起父母，其實代表他也瞧不起自己，這是一種投射。佛洛伊德提出「自我防衛機轉」（Ego-Defense Mechanisms），「投射作用」（Projection）是其中一種，是指將自己無法接受的欲望、思緒或衝動，歸因到別人身上。

因此，父母不要因此感到太受傷，因為青春期的孩子的發展任務是「自我認同」，當他和同儕比較的過程中，感到自卑時，可能會把這個自卑的情緒，投射到父母身上，而瞧不起父母。

瞧不起父母，無論對父母或孩子而言，都是很不舒服的感受。但我覺得這反而是個很重要的學習，**代表孩子比之前更有現實感**，不再活在自己的幻想世界中。**他看到了家庭帶給他的不足和限制**，例如文化不利和經濟弱勢。有些孩子會感到無力改變而自暴自棄，但也有些人就像心理學家阿德勒提出的：**因為感到自卑，而想克服自卑，出現追求卓越的驅力**，反而更努力學習，將來可能有更好的成就，進而真的能改變自己的未來。

新住民父母如何看待自己，深深影響著孩子

我不知道文中的他，會不會有一天能懂，他可以靠自己改變這個家庭的未來。不能改變的是，他就是生長在這個家；但他可以不怨天尤人，只要他願意好好念書，或好好學一技之長，願意吃苦。只要他肯努力，或許能有什麼不同。

若你感受到孩子瞧不起你，我覺得最重要的是「你怎麼看你自己」。在愛孩子之前，要先能愛自己、肯定自己。

就像文中的媽媽，離鄉背井到台灣努力工作，還能養活行動不便的先生和孩子，對於生活中的逆境沒有埋怨，這是多麼強韌的生命力！

我曾遇到幾位很令人敬佩的新住民媽媽。她們不僅要照顧現在的家庭，甚至要賺錢，幫娘家還債；或是面對先生的家暴，離婚後，獨自在台撫養孩子長大。

這樣的刻苦耐勞以及積極向上的心態，在面對孩子瞧不起自己時，能不卑不亢的讓孩子知道，就算是勞力工作，也是讓人尊敬的工作，而且是靠自己努力賺錢養家活口。

但最重要的，是**父母自己能尊重自己、看得起自己**。我相信，**這是給孩子最好的身教和學習**。

「媽媽，我恨你。」
——都是別人好，你永遠看不到我的好

才剛開學第二週，我一早進辦公室就接到了電話。電話那頭聲音急促，導師劈里啪啦的講了一大串。一開始，我還不知道在講哪個孩子，等掛上電話才恍然大悟，就是昨天大家七嘴八舌在討論，那個國小時揚言要打老師的七年級新生，昨天在班上摔東西。

「小可剛剛情緒又失控了！我真的沒有罵他，我只是問他為什麼要用螢光筆寫作業而已，而且我有把他帶出教室才問他。他都沒有說話，就開始掉眼淚，我想說我去辦公室拿個衛生紙，但我才一轉身，就看到他很激動用手捶牆……」導師在電話那頭，急著向我解釋。

反映、同理孩子的情緒

我請導師把孩子帶來輔導室。但五分鐘後，導師電話又來了。

「小可現在好像整個腳軟，站不起來，那要怎麼辦？」

「沒關係，我走過去好了。」

我過去時，小可在導師休息室裡大吼大叫、丟東西。「我最恨我媽了！我以後長大，就讓她流落街頭。都說別人小孩比較好，每天都罵我。還有，我很討厭ＸＸＸ，你憑什麼管我？我明明就只有一行沒寫，就登記我沒寫作業。還有那個ＸＸ，每次都廢話那麼多……下次再敢欺負我，我就拿滅火器打爆你的頭……」小可嚎啕大哭，但我依然能看見小可的眼神，流露出恨意。

我試著反映小可的情緒，我對小可說：「感覺你真的非常生氣，氣媽媽看不到你的好，氣同學怎麼可以說你錯……」

我看小可握緊拳頭，於是，我拿了幾包衛生紙放在他面前。「你可以丟或揍衛生紙都可以。」

「就是啊……這世界沒有人可以信任，大家都要針對我，全部都是爛人、大爛人……看我怎麼打爆你們的頭，把你的頭塞進馬桶沖走……」衛生紙啪一聲，摔落在地上。

半小時後，小可終於平靜了一些。我問小可能不能站起來，然後我們整理了散落一地的衛生紙。我陪小可走回教室。

媽媽的潰堤

兩週後的班親會，小可媽媽的淚水在諮商室潰堤……

「我都不知道我怎麼撐過來的。別人說我很堅強、很勇敢。我說，遇到了，還能怎麼辦？就只能面對啊！

「我都不敢想明天，明天會怎樣，我不知道。我只能把今天給過好……」

小可的爸爸在小可一歲時過世，只剩越南籍的媽媽一個人養兩個孩子，那時姊姊十三歲，小可一歲。

「其實，我原本沒有要懷小可的，但在我四十歲的時候，突然發現月經怎麼好久都沒來，結果等知道懷孕的時候，已經快三個月了。我後來想，就當作是種緣分吧。但在我懷孕八個月的時候，小可爸爸得了癌症，而那時候，也不可能把孩子拿掉了……

「那時候，小可爸爸的腳整個腫起來，根本沒辦法走路。原本，他還不去看醫生，是我覺得很不對勁，叫了計程車，拖著他去的……醫生說：『怎麼現在才來？只剩下三個月的時間。』那天回家，我們整晚都沒有睡，因為不知道接下來要怎麼過啊！那也是我第一次看到小可的爸爸掉眼淚……

「我原本沒有在工作，發現我先生得癌症後，我就去上班了。那時候，我也沒有什麼一技之長，只好什麼工作都做。我曾經在一個月加班快一百個小時，但那個月卻只拿到兩萬七。現在想想，怎麼這麼傻，這樣被人欺負……我現在想到那個時候還是會掉眼淚，真的是太辛苦了……」

原本醫生說只剩三個月的時間，但後來，小可爸爸撐了快一年才過世。先生過世後，小可的媽媽沒有時間掉眼淚，她只能繼續工作，賺錢繳房貸，還有養兩個孩子……

「媽媽，我長大以後要搬出去住，絕對不會養你。」

「我知道小可很討厭我，他每次都跟我說：『媽媽，我長大以後要搬出去住，絕對不會養你。』我聽了真的很難過。小可就是做事、念書很容易分心啊！他一邊滑手機，一邊寫作業，作業寫很久都寫不完。還有放學常常跟同學出去玩，玩到很晚都還不回家。他還很愛頂嘴，我說一句，他就說五句，然後我就更氣，就會罵他……」

當小可又犯錯時，媽媽說的話總是歇斯底里又尖酸刻薄。「我養你養這麼大，你除了給我添麻煩，還會幹麼？養你有什麼用？」但小可的媽媽就算工作再忙、再累，只要能早一點下班，一定會煮飯給小可和姊姊吃。

我也想著，對啊，這樣的生活要怎麼過？如果一個人連這個月能不能讓自己和孩子吃飽都要煩惱，怎麼還有多餘的心力檢查孩子作業、督促孩子念書、陪孩子聊天？

孩子說恨媽媽，其實是一種求救

「小可在諮商室常常提到媽媽耶！感覺媽媽你對他真的很重要，他很在乎你怎麼看他，但他也很受傷，他說媽媽你好像都在說別的小孩比較好。他的好，媽媽好像比較看不到。我覺得小可有些事情做得很好，例如功課就算很多、很難，他也都努力寫完，而且他說他會幫忙做家事，因為姊姊都不做。他很氣姊姊讓媽媽這麼辛苦，因此，**當媽媽你說小可的不好時，也說一下你看見小可的好**，媽媽覺得呢？

「小可說他恨媽媽，討厭媽媽，但我覺得那是在求救。他這麼生氣，代表他是這麼希望媽媽可以看到他好的地方……」

在送小可媽媽出諮商室之前，我對她說：「**媽媽，你現在除了要看見小可的好，你能不能也看見自己的好？**你這麼努力一個人拉拔兩個小孩長大，供他們衣食無虞，**你已經是很棒的媽媽了！**」

第一次看到孩子笑了

隔週我再見到小可時，我問他這週過得怎麼樣，有沒有想跟我分享的事。小可一樣酷酷的說：「還好、沒怎樣。」但十秒後，小可說：「媽媽最近變得很奇怪，我回家，她居然跟我說：『寶貝，你回家了。』我還在想她是不是發燒了？我玩電腦到半夜，她居然叫我早點睡，她之前會氣到摔滑鼠耶……還有，我洗完碗，她跟我說謝謝。」

「那你感覺怎麼樣？」

「沒怎樣，就是怪怪的吧……」但我看到小可在諮商室裡，第一次嘴角微微上揚。

「我第一次看到你笑耶，那你要多笑喔！你笑起來很帥！」

心理師想說：

比馬龍效應

心理學家在一九六六年做過一個實驗，研究人員測量小學生（受試者）的智商，之後隨機抽出百分之二十為實驗組，並對教師聲稱實驗組的小學生是資優兒童。大約一年後，研究人員再為實驗組的小學生測試智商，他們驚訝的發現，實驗組的智商增長率，明顯高於其他小學生。

為什麼實驗組的小學生智商明顯提高了呢？可能是因為他們被老師、家長視為是資優兒童，因此有更多的鼓勵、肯定和讚美，或是讓他們有更多表現的機會，提升了他們的學習動機與自信。這個效應被稱為「比馬龍效應」（Pygmalion Effect）。

「比馬龍效應」和「自驗預言」（self-fulfilling prophecy）、「吸引力法則」（the law of attracting）類似。「自驗預言」為美國社會學家墨頓（Robert K. Merton）提出，是指因人們先入為主的判斷，無論是否正確，都將或多或少影響到人們的行為，而使這個判斷最後真的實現。簡單來說，自驗預言就是人們在不經意間，使自己的預言成為現實。

例如我最近開車停在機械車位，一開始都停得很好，但某一天，旁邊有一輛車在等我，眾目睽睽之下，我倒車了三次，才停好車。之後，我要停車前都很擔心自己停不好，也因此我總是要停三次以上，才能停好。後來，我練習在停車前不要胡思亂想，保持平常心。當有人在等我的時候，我告訴自己：「厚臉皮沒關係，如果他真的等得不耐煩，就會自己過來幫我停車了！」當這樣想時，反而讓我能比較順利的停好車。

因此，**如果你覺得自己做得好，你自然就更容易做得好，反之亦然。**

這個概念也類似我們常聽到的「吸引力法則」，當個人打從心底期望某件事情，宇宙自然會有力量，吸引這些你期盼的東西靠近，最後，這些力量會引導你得到你的渴望。

「相信孩子會變好」對孩子而言，是多麼強大的力量

在孩子身上，也是一樣。當老師相信一個資質平庸的孩子可以達成任務，那麼，孩子很有可能開始有突出的表現；當一個孩子被貼上壞孩子的標籤，那麼，他可能真的會越來越壞。

如果你一直焦慮孩子的成績，孩子可能自信心降低，感到自己很笨、考不好，無法達成大人的期待，考試可能就更容易緊張，導致更容易失常。有一個孩子曾經對我說，有一次，他不小心考差了，他被情緒失控的導師當眾打巴掌，從此以後，他就決定再也不要念數學了！

我曾和一個轉學的孩子談了兩個月之後，收到原學校寄來的B表（由導師填寫的學生輔導資料紀錄表），內容洋洋灑灑寫著孩子在學校抽菸、喝酒、賭博、打架、嗆老師等行為。導師和我都非常驚訝，因為這個孩子除了比較愛說人話，常常和我抱怨有個機車的老師，他很想嗆他以外，並沒什麼大問題。而且這孩子看到老師都會打招呼，在新班級也適應得

不錯。

在諮商室中，我跟這孩子討論，怎麼會有這麼大的改變。孩子說原本的學校管太嚴，他犯了幾次錯以後，他覺得老師都故意針對他，處處找他麻煩，覺得他是壞孩子，因此他就更不想聽老師的。但這裡的老師都對他很好，不覺得他和其他孩子有什麼不同，他自然而然也願意表現好。

從這個孩子身上，我看見了「相信孩子會變好」對孩子而言，是多麼強大的力量。小可的媽媽也是，當小可的媽媽開始能用不一樣的眼光看見小可做得好的地方，對於小可來說，就是個新的開始。

當小可不再覺得全世界都針對自己，或許哪一天，小可的自我肯定也能開始慢慢萌芽、成長茁壯。

你已經是夠好的父母——練習看見自己的好

英國兒童心理學家唐納德・威尼科特（Donald Winnicott）曾說：「沒有『完美』的父母，只有『夠好』的父母（good-enough mother）。」

我們不需要成為完美的父母，所以對父母來說，一個很重要的練習是——看見自己做得好的地方，例如「我生氣的時候會試著冷靜一下，不會馬上對孩子發脾氣。」「會跟孩子說我愛你。」「即使覺得孩子一堆藉口，還是願意沉住氣，聽孩子說的話」等。

文中，小可的媽媽一個人辛苦拉拔兩個孩子長大，這是多麼不容易的一件事啊！而且小可的媽媽就算工作再忙、再累，只要能早一點下班，一定會煮飯給小可和哥哥吃，這裡面都充滿著媽媽對孩子的愛與付出。

當我們能看見自己的努力和用心，發自內心，相信自己「已經是個夠好的父母」，我們就不再需要用外在的評價或孩子的表現來看自己是不是個完美的父母。不管小可和哥哥的表現好不好，小可的媽媽都已經是個夠好的媽媽了。

父母請告訴自己：「我已經很棒了！我是個好媽媽／爸爸！」

而當父母覺得撐不住了，請記得一定要求援，因為有開心的父母，才會有開心成長的孩子。

父母可以怎麼做：

一、練習肯定孩子

1. 創造屬於孩子和你談心的時光，十分鐘也好：例如吃飯的時候，或是接送孩子回家時，不問孩子成績，而是問問孩子，在學校發生什麼有趣、好玩的事情。
2. 1+1運動：說孩子不好的地方，也要說孩子好的地方。
3. 50%運動：說孩子好的、不好的事情，比例是一半一半。
4. 不要拿孩子跟別人比較：因為對方不是你的孩子，一定也有缺點，只是你沒有看到而已。

二、練習肯定自己、肯定另一半

1. **每天寫下一件自己身為爸爸／媽媽，覺得自己做得好的地方**，任何小小的事情都可以。練習看見自己已經是個夠好的父母。
2. 每天寫下一件覺得另一半做得好的地方。謝謝他為這個家的付出，讓他知道這對你有多重要。

「空巢期」的分離焦慮

——無法接受孩子長大，即將離家、獨立的媽媽

九年級的她，已經轉學過來一個月了，但卻只有前三天來上學。

媽媽帶著她和阿姨、阿姨男友租了三房兩廳。我和導師一同去家訪，她緊緊靠在媽媽身邊，母女關係看起來相當緊密。媽媽上個月把工作辭掉了，想要好好陪伴在前一所學校因為被霸凌而懼學的孩子。

當我們問什麼問題，都是媽媽回答。她只是在旁輕輕的點頭。由於**我也想聽聽孩子的聲音，我試著邀請孩子出去走走。**

孩子看了媽媽一眼，像是要得到媽媽允許，才能出門似的。接著是媽媽一連串的叮嚀：

「把外套穿上，出去小心一點。過馬路要看路，鑰匙、手機要記得帶。你帶老師往右手邊走，有便利商店可以坐，但那邊車很多，要靠邊走……」

她點點頭說好。

我們在便利商店找了位子坐下。她跟我說在上一所學校被霸凌的經驗，所以現在到學校或人多的地方都覺得很不自在，會不由自主的發抖。一開始來上學三天，是硬逼自己來的。那三天來學校都要《ㄧㄥ著微笑，裝作沒事，不想被人看穿自己的脆弱，但之後覺得實在太累，就沒來了。

經過這次家訪，孩子願意每週來學校一次和我晤談，但先不入班。

媽媽龐大的焦慮與不安

不過，對於晤談，媽媽有很多的擔心。「老師，你們每週一次是要談什麼？我可以一起進去嗎？」澄清了媽媽的擔心之後，媽媽答應每週送孩子到校一次。

談了四次後，我們迎接寒假的到來。

才剛過完年，媽媽就打電話到輔導室，急著想跟我討論孩子的狀況。由於是寒假期間，只有行政人員上班，組長轉達請我加媽媽的LINE。

媽媽的聲音聽起來很著急：「她最近都把自己鎖在房間內，不跟我說話。我跟她說話，她的聲音都很冷淡，例如我問她要吃什麼，她都說隨便。之前，她會很開心的跟我說她想吃什麼，然後我們一邊吃飯，一邊看電視聊天。但現在，她都把飯端進去房裡吃。而且，她前幾天還跟我說她想要一個人睡。她收拾好，就搬到隔壁房間了。我不知道我到底是做錯什麼。她怎麼會變那麼多……

「我覺得她一定是卡到陰。我看她最近臉色怪怪的，可能是過年前帶她去哪裡玩比較陰。我去問廟裡的一個師父，他請我改天帶她去『祭改』一下，但她就不願意啊！」

媽媽甚至問我：「老師，你住在哪裡？我可以載她過去跟你談嗎？」

我試著安撫媽媽的情緒：「媽媽，你先別太緊張。等下週開學，我和孩子談。**青春期是兒童到成人的過渡期，孩子從依賴父母到想自己獨立，可能開始有自己的想法，這也是正常的。**」

孩子是媽媽全部的生命重心

開學前兩天，媽媽又打來了。講的是和上次差不多的狀況，但語氣比上次更激動：「她現在會瞪我。我覺得我快要不認得她了。我現在不太敢跟她說話，怕她生氣，又給我臉色看……

「我為了她，這十五年來，沒有交過男朋友。我什麼事情都替她想。我根本就沒有自己的生活……」

媽媽二十二歲時未婚懷孕，生下她。媽媽和孩子的生父沒有結婚，但孩子的生父每個月會匯款過來。媽媽和阿嬤含辛茹苦的把她養大。對媽媽而言，孩子是她生命的重心，甚至是她的全世界。

開學後的第一次晤談，她開心的跟我分享寒假和表姊去哪裡玩，還有未來想讀哪裡，完全沒有跟我提到媽媽，彷彿沒發生任何事情似的。在晤談的最後五分鐘，我試探性的問她，跟媽媽有發生什麼事嗎？

孩子的反彈

原來，她覺得媽媽管太多了。

「聽起來跟之前很不一樣耶。上學期，我看到你跟媽媽感情很好。寒假有發生什麼事情嗎？」

她歪著頭，想了想。「我也不知道耶！也沒發生什麼事，就突然覺得她管很多，很煩，而且有被監視的感覺。我搬到隔壁房間之後，有一次，我在床上看書，站起來伸懶腰，發現我媽就坐在餐桌旁，一直盯著我看，我嚇了一大跳。我晚上睡覺時，她會進來看我好幾次，她說只是看我有沒有踢被子。有一次，她摸黑進來，我差點尖叫。她還會偷聽我講手機，我打開門，發現她就站在門口。她還裝沒事，走進廚房……

「這些，我都不想跟她再提，因為她會一概否認，所以我就開始不跟她講話，結果我不跟她講話，她就到處打電話，像是打給你、打一一三，找社工問該怎麼辦，然後社工就跑來我家……

「她還到處跟別人說我卡到陰什麼的。我根本就不是因為卡到陰，才不理她，也不想跟她去拜拜，我覺得她應該要去工作。我都不知道她整天在家幹麼……」

對於女兒開始想要獨立自主，媽媽呈現的是比之前更高的焦慮。而且因為媽媽沒有工作，生活的重心更是放在懼學在家的女兒身上。

「媽媽都跟學校老師、社工說，她是因為我才不去上班，讓我覺得壓力好大，因為我就算沒有去上學，阿姨也都在家工作，她可以去上班啊！而且媽媽還跟舅舅借錢。我現在只想著趕快畢業，考上其他縣市的學校，就可以搬出去住了。」

「你追我逃的親子關係」

我和她談完後，打電話給媽媽。「孩子長大了，開始有自己的想法，可能不想要媽媽管那麼多。有時候，媽媽管越多，這個階段的孩子可能更反彈，媽媽，你也會更受傷又焦慮。」我也婉轉的告訴媽媽，不用太擔心孩子，可以放心去找工作，我心裡想著：「或許當媽媽生活有了其他重心，眼光不會完全放在女兒身上，就不會覺得女兒的問題那麼嚴重了。」

在畢業前，她還是沒辦法克服心中的恐懼入班上課。媽媽總是說她在找工作，但還沒找到適合的工作。

她考上了一所位於新竹的五專，雖然不是第一志願，但她在九年級幾乎沒上學的情況下，能考上這所學校，也算很不錯了。

畢業前的最後一次晤談，她驚恐地跟我說：「媽媽居然說她想要找新竹的工作，想搬來新竹跟我一起住。她覺得國中畢業就搬出去太早了。」

「那你怎麼跟媽媽說？」

「我當然是拒絕她啊！這超可怕的耶！我好不容易終於可以不用和她一起住了。我就跟她說，我是住學校宿舍，很安全，而且也有舍監，她就沒說話了。但她看起來還是很想跟我一起住。」

我相信「**媽媽的高焦慮和高掌控，導致女兒想逃跑**」這樣的狀況，還會持續一段時間。我也相信或許哪一天，媽媽能看見自己這麼放不下孩子背後的原因，能開始上班、交友，享受自己的生活。

或許哪一天她更大了，變得更成熟，可以**理解媽媽不願放手背後的不捨和孤單**，願意假日多回來陪媽媽，或時常打電話報平安。

經過這段「你追我逃」辛苦又掙扎的過程，或許終能催化改變。我在心裡祝福著她們。

心理師想說：

文中媽媽的高焦慮及高掌控，可能是對子女的不放心。總覺得孩子還像過去一樣需要自己呵護、叮嚀，也期待孩子像小時候一樣黏著自己、和自己撒嬌。

但青春期的孩子，面對父母不斷的叮嚀和耳提面命，感受到的是「不被信任」，而表現出不耐煩的態度；有些孩子開始築起高牆，乾脆拒絕和父母溝通；有些孩子可能會對父母大小聲或頂嘴，試著更用力、更大聲的說，想讓父母知道自己的心聲。

這些行為可能會讓父母覺得「孩子長大了，翅膀硬了！」而更加強硬的管控孩子的課業、交友、生活常規等等，導致孩子更為反彈。

父母生氣、焦慮、傷心的背後，是深深的失落

其實父母生氣、焦慮、傷心的背後，可能是深深的失落，因為**父母發現孩子不再像以前那樣需要自己了**，但這也代表孩子長大了。若父母能調整好自己的心情，適時放手，孩子將能感受到被信任及肯定。同時也知道父母仍在背後支持著自己，孩子將能飛得更遠。

孩子準備念幼稚園、國小時，可能會出現「分離焦慮」，亦即與親人分離時，孩子覺得沒有安全感、焦慮不安、想要黏著父母而出現哭鬧等負向情緒。其實，爸媽也可能會經歷「空巢期」的分離焦慮。

當孩子開始獨立自主，甚至離家，也代表著父母養育孩子的階段性任務告一個段落。過去十多年，父母和孩子緊緊相依，以孩子為重心，面對孩子長大離家念書或工作時，家裡突然變得空蕩蕩、好安靜，可能會有孤單、寂寞、空虛、失落等感受。

很多父母還是會很放心不下孩子在外的食衣住行，擔心孩子沒辦法照顧好自己。**和孩子關係越緊密的父母，父母的分離焦慮，可能更加嚴重。**

父母可以怎麼做：

1. 分辨及接納自己的情緒：青春期的孩子開始有自己的意見、想要獨立或離家，不想讓父母掌控等，父母可能有很多的情緒，例如生氣、傷心、捨不得、空虛寂寞、失落等。先接納自己有這些複雜的感受，因為這些都是正常的。

2. **不用情緒勒索的言語讓孩子聽話**：例如「我這麼做都是為了你，你現在居然要……」，使孩子不得不聽話，而產生心理負擔。

3. 理解孩子正在邁向獨立，調整與孩子的互動方式：青春期的孩子可能比之前更信任同儕，或重視同儕的意見，不再想和父母分享心事，對於父母會以頂嘴、反抗等方式，爭取獨立自主的空間，但這並不表示孩子翅膀硬了，或不愛你了。**孩子可能表達的方式不當，不小心傷了父母的心，但這也代表孩子正在長出自己的想法。**

父母可以調整與孩子的互動方式，例如不用上對下的語氣，命令孩子，而是讓孩子能表達自己的想法，且尊重孩子的想法。

4. **想想自己放不下的原因是什麼**：父母面對孩子獨立或離家，一定會不捨，但若父母強烈的感受到自己的空虛或悲傷，可能要回過頭來想想，是什麼讓自己這麼放不下。若有需要，可以尋求心理諮商。

有些失婚、獨自撫養孩子、遭遇家暴、外遇等婦女，面對「空巢期」的情緒可能更加強烈，因為過去孩子是生活的全部，甚至是自己的「情緒配偶」[1]，但現在需要重新調整生活的重心和步調。

5. 學習放手，讓孩子體會「自然後果」：例如孩子出門忘記帶外套，可能導致著涼而感冒。孩子需要承受可能會感冒這個後果，下次自然就會記得要帶外套。孩子遲早要獨立生活，若父母隨時耳提面命、過度保護，孩子可能永遠長不大。

6. 重新安排時間、調整生活重心，給自己更多時間做想做的事：過去的你，可能有一些想做的事，但因為照顧孩子而無法去做，現在可以盡情追夢了。例如爬百岳、做志工、上烘焙課等等，培養新的興趣或發展事業第二春。

孩子可能會擔心自己離家對父母造成的影響，若你能享受生活，孩子也能更放心的獨立生活。

7. 重溫與另一半的甜蜜生活：過去父母可能都以孩子為生活重心，現在可以好好回過頭來看另一半，安排一些兩人的活動，讓老夫老妻的生活多一點浪漫。

---

1. 指本該由配偶承擔之情緒支持的角色，由於配偶的缺席或無力提供，使得心思細膩的孩子被迫長大，替代父親角色，來承擔起母親的情緒，例如對婚姻的不滿或無力等，試圖捍衛或保護母親。這可能使孩子感受到痛苦糾結，卻又因心疼母親而無法離開。

輯三

情竇初開的愛情

當青少年談戀愛
——父母要強迫孩子分手嗎？

「又有性平事件[1]了！」輔導組長皺著眉頭跟我說。

導師是用「花癡」這個不太好聽的詞來形容她的，接著滔滔不絕的說，她是如何如何「倒追」班上一個長得嬌小可愛的男生，還不只一次壁咚他。上個月導師發現兩人牽手，通知雙方家長，請家長留意兩人交往的狀況。原本以為事情處理已經告一個段落，沒想到，昨天又被同學看到，兩個人在走廊盡頭摟在一起接吻，所以通報了性平事件。男女雙方都是七年級的學生，而且，才剛開學一個多月而已。

於是，她來到了輔導室。她已經交過五個男朋友。

沉浸在粉紅泡泡中的女孩

她總是帶著甜甜的笑容，眼睛閃閃發亮，就像個情竇初開、沉浸在粉紅泡泡中的女孩。她熱烈的和我分享，現在的男朋友是怎麼追到她的（但導師覺得根本就是她倒追），他們現在在一起三十七天，覺得他有小酒窩、笑起來很可愛，還有分享兩人之間甜蜜的點點滴滴……

通報性平事件一週後，男生就被他的爸媽強迫轉學，男生的手機也被沒收，兩人完全無法聯絡，「連說再見的機會都沒有……」她雙眼哭得紅腫的來找我。她說，他們約定要考上同一所高中，到那個時候，他們還要在一起。

那陣子，她的情緒很不穩定。她說，想到他就會很想哭，但又不想被家人發現，所以會在洗澡的時候哭，或是躲在棉被裡偷偷掉淚。我們談了一個多月才結案。

但才結案沒幾天，導師就氣急敗壞的來找我。「又有性平事件了！你知道嗎？她又交男朋友了，而且還把男生帶回家睡覺，被阿嬤發現……」這個男朋友長得高高壯壯的，和前一位完全不一樣，而且已經成年，是她玩線上遊戲認識的網友。導師請媽媽來學校一趟，媽媽氣得當眾打了她一巴掌。

在學校工作的這幾年，學生談戀愛常常是許多家長和導師的困擾。因為這個階段的孩子，往往情竇初開，愛得轟轟烈烈，一不小心就跨越了界線。

心理師想說：

史坦伯格的愛情三元論

當有戀愛困擾的孩子來到我面前，我會跟孩子介紹耶魯大學心理學教授史坦伯格（Sternberg）於一九八六年提出的愛情三元論（如下圖）。史坦伯格認為在愛情中有三個核心元素，分別為親密（intimacy）、熱情（passion）和承諾（commitment）。分別介紹如下：

1. 親密：屬於情感層面，是指你和你的另一半是彼此的知己，會想和對方分享生活中的事

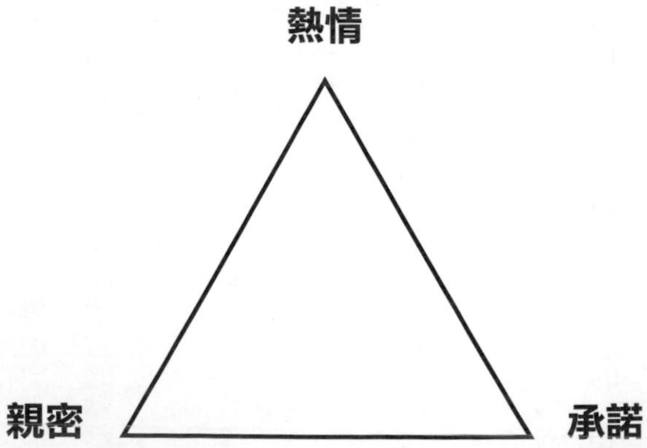

情、感受等，彼此有交心的感覺。

2.熱情：是愛情的發電機，屬於動機層面，例如看到對方會心跳加速、眼睛發光等生理反應，會想要無時無刻都看到對方，甚至發生性行為之衝動。

3.承諾：就像安全氣囊，屬於認知層面，願意為彼此的關係負責，例如願意與對方交往、結婚、生子之決定。

史坦伯格提出八種愛情形式，分別為：

1.無愛：三種元素都沒有，大多數異性關係屬於這種。

2.喜歡：只有親密的元素，彼此會互動、溝通，屬於朋友關係。

3.迷戀：只有熱情的元素，例如一見鍾情、暗戀、一夜情等。

4.空愛：只有承諾的元素，例如奉父母之命成婚。

5.友誼的愛：親密與承諾的組合，例如柏拉圖式的愛情；或已退去激情，經歷大風大浪仍相守的老夫妻。

6.浪漫的愛：親密與熱情的組合，不願意或不能付出承諾。例如俗話說的「不在乎天長地久，只在乎曾經擁有」。重視過程，不在乎結果。

7.虛幻的愛：熱情與承諾的組合，無親密關係為基礎，例如閃電結婚或奉子成婚。

8.圓滿的愛：三者皆有。

很多青少年的愛情屬於第七種「虛幻的愛」

很多青少年的愛情屬於第七種「虛幻的愛」，他們的愛情只包含了「熱情」和「承諾」。

交往才幾天，孩子就覺得會和這個人一輩子在一起，滔滔不絕的和我說對方有多好多好，但當我問孩子：「對方幾歲？現在在做什麼工作？」孩子卻完全答不出來。這代表愛情中缺乏了「親密」的成分，孩子根本還不了解對方，甚至連對方的基本資料都還不清楚，那麼，這樣和對方交往可能容易被騙。

若**三個要素同時存在，才屬於「圓滿的愛」**。因此，我會和孩子討論他的愛情中擁有哪些元素，缺少哪些元素，要怎麼才能補足那些缺少的元素。例如**當愛情中缺乏「親密」，可以試著先和對方做朋友**，深入的了解對方後，再給予「承諾」，更能保護自己在愛情中不受傷。

父母、老師可以怎麼做：

發現孩子交往，要強迫孩子分手嗎？

很多青少年的愛情來得快，去得也快，短則三五天，交往一百天就覺得兩人已經在一起非常久了。

我會和孩子討論喜歡這個人哪些地方，和前任有什麼一樣／不一樣的感覺。我發現**孩子其實最渴望的是被呵護、被照顧、對方對自己很貼心、重視自己的感覺**，但其實這不僅是愛情中可以得到的，親情、友誼都可以。

因此，若親子關係夠好，並不需要擔心孩子因為愛情而迷失了自己；有些孩子是因為親子關係不佳，才不斷在外尋求他人的愛，這才需要擔心。

可以回想一下，身為父母的我們也曾經歷青春期。那個時候也曾對愛情有許多憧憬，幻想著愛情是多麼浪漫。

國中的我迷上了瓊瑤小說，總是在現實生活中幻想著哪天白馬王子的到來，一直到交了男朋友、步入婚姻，甚至生了孩子，才開始真正體會到瓊瑤小說上面寫的浪漫又轟轟烈烈的愛情故事，只是交往的前三個月而已。

相愛容易相處難，要能維持一段感情需要付出很多的努力，不是討好或是一味的強勢，是雙方不斷的溝通協調和包容。

邁入婚姻後，維持一段婚姻比起交往更是複雜許多，經濟壓力、婆媳相處、養兒育女等，不是孩子幻想的那麼簡單。**若我們能開放的和孩子討論他對於愛情的憧憬與期待，將更能幫助孩子釐清幻想與現實中的差異。**

逼迫孩子分手是最快的處理方式，但也讓親子關係受傷了

我遇過一些導師和父母逼迫孩子分手，但也可想想，這樣激烈的方式真的適合孩子嗎？理性真的能中斷情感的生成嗎？「喜歡」一個人是一種感覺，不是用理性就能輕易切斷的。我遇過一些孩子被強迫分手而非常受傷，且對父母充滿無奈與憤怒。這樣的**快刀斬亂麻，的確是最快的處理方式，但也讓親子關係受傷了**。

父母也可能會問，青少年談戀愛有什麼好，這段時間不是就應該好好念書嗎？我覺得好好學習很重要，但在談戀愛的過程中，孩子從中學習如何和喜歡的人相處，建立人際關係，找到適合彼此相處的方式，從互動中磨合，也在為未來某一天步入婚姻做準備。而這

是念書學不到的。

若孩子完全沒有交往的經驗，只是埋首於讀書，長大後，父母突然要孩子找個對象結婚，對孩子來說可能是很困難的事情。

通常我會告訴孩子**「不一定要交往」**，**可以先和喜歡的對象做朋友看看，前提是不影響課業及正常生活作息**。我也會**明確的讓孩子知道身體界線**，除了牽手、擁抱、接吻以外，其他都是違法的，有可能會需要上法庭（像文中的個案），因此要懂得保護自己，也保護對方。

我也會跟孩子討論若發生了性行為，可能會有哪些後果，像是懷孕、得性病等，也有可能在將來會感到後悔。很多青春期的女生會和年紀較大，甚至成年的男生發生性行為，多半是對方要求，女生在半推半就之下同意的。我會和孩子討論，當你說「不要」時，對方是否願意尊重，**願意尊重你的意願的人，才是真的愛你**。但若真的要發生性行為，無論如何一定要戴保險套。

因此，我覺得**父母的心態十分關鍵**，**你可以決定要當孩子感情中的「軍師」**，**還是「間諜」**。當孩子說他喜歡上一個人時，可以邀請孩子和我們分享他的期待和擔心，和孩子聊聊他喜歡的對象：「他是個怎麼樣的人呀？」「你最喜歡他哪一點？」「今天你和XX聊些什麼呢？」也可以邀請孩子讓我們認識他喜歡的對象。

這樣一來，父母反而能了解孩子更多的事情，也可掌握孩子的交友狀況；若父母一味的反對，孩子可能因為怕被罵而更想隱瞞，遇到困難時，也不敢找父母討論，我們反而離孩子越來越遠了。

1.校園性侵害性騷擾或性霸凌事件之簡稱。依據《性別平等教育法》之規定，學校校長、教師、職員或工友知悉服務學校發生疑似校園性侵害、性騷擾或性霸凌事件者，除應立即依學校防治規定所定權責，依性侵害犯罪防治法、兒童及少年福利與權益保障法、身心障礙者權益保障法及其他相關法律規定通報外，並應向學校及當地直轄市、縣（市）主管機關通報，至遲不得超過二十四小時。延誤通報有罰則。學校或主管機關處理校園性侵害、性騷擾或性霸凌事件，應將該事件交由所設之性別平等教育委員會調查處理，任何人不得另設調查機制，違反者其調查無效。

失戀怎麼這麼痛？

——成績優秀的孩子買了炭，寫了遺書……

在碩三的心理師全職實習時，我來到了精神官能症的住院病房。當病人急性期發作，醫院會安排病人住到急性病房（例如躁症發作，有幻聽、幻覺，或有自傷傷人傾向的病人），而我實習的精神官能症病房，住的是病情比較穩定，但還無法回歸工作及日常生活，以及想要做心理治療的病人。

這一年的實習，對我來說非常震撼。在這裡，我接觸到了形形色色的病人，有憂鬱症、躁鬱症、焦慮症、強迫症、恐慌症、自殺企圖、創傷後壓力疾患、人格疾患等，從十七到八十四歲不同的生命階段。另外，也有病人的生命故事曲折離奇得就像小說，讓人不忍。

抓狂的打了三十六通電話

璐才十九歲，是台灣前五志願大學的新鮮人，也是我這一年的個案中最年輕的。正值花樣年華的年紀，眼神卻是空洞和茫然。

他不知道人為什麼要活著，所以他想死。

想死的那一天，是從女友提分手開始的。他們從高一在一起到大一，高中畢業後，兩人考上不同的大學。女友到雲林的學校念書，璐留在台北。大一上學期，璐幾乎每週都坐高鐵去找女友，一直到十一月。

女友說有時候要趕報告、有時候朋友約，希望璐一個月來一次就好了，但璐還是堅持每週都去。十二月的某一天，女友說要分手，叫璐不要再來找她了。

璐還記得女友說分手那時候，他打電動打得正起勁，突然看到手機螢幕跳出女友說要分手的訊息。他抓狂的打了三十六通電話後，女友才接。

女友只是淡淡的說：「我覺得你太活在自己的世界了，我講什麼，你都沒有在聽……而且你每週都來，我覺得很累，都沒有自己的生活……」

璐再三保證他會改，但女友只說了對不起，就掛了電話。

他瘋狂得跳起來，把桌上所有東西都摔在地上，然後跑出家門。他在外面一直走一直走，走到媽媽打電話問他到底在哪裡，怎麼還不回家。

想哭，但哭不出來

接下來的日子，模糊到他有點記不清了……他開始蹺課，有時候，只是躺在床上無法起來，沒力氣洗澡，沒力氣做任何事，連電動都不想打了。他想哭，但哭不出來。

大一上的期末考，他考得很差。他修了七科，五科被當。放寒假的第一天，他買了炭，寫了遺書，還好被媽媽發現。媽媽帶他去看精神科，醫師診斷是憂鬱症，因為有高度自殺風險，醫師安排住院。

住了兩個月，璐的病情比較穩定，出院了。但出院之後又不好了，每天足不出戶，一直撐到七月去當兵。

璐跟我說：「當兵的那兩個月反而還比較好，因為每天都有事情要做，這樣，就什麼都不用想了，當個行屍走肉還比較輕鬆……」

爸爸對媽媽的責難

璐念的是他一直很有興趣的生物醫學工程。原本璐想拚三年畢業後讀研究所，還想出國念博士，他想成為一名教授，做研究、在台上教書。但現在的他說，一切的夢都碎了。他突然覺得他對生物醫學工程沒興趣了……

他休學一年後，住進了精神官能症病房，來到了我的面前。我們開始一週一次的諮商。他的同學升上大二，璐決定繼續休學。

他的自殺行為把媽媽嚇個半死，媽媽只希望他好好活著，就算他不想念書了都沒關係；爸爸大聲的罵他：「為了一個女生，把自己搞成這樣，值得嗎？」

爸爸也怪媽媽把璐給寵壞了，就是因為被寵壞，才會為了一段感情這樣放不下，還搞自殺。

璐很氣爸爸，爸爸幾乎長年都在大陸工作，久久才回來一次，他才是最沒有資格說話的人。

那段時光，真的是最幸福的時候……

我們談了將近一年，璐的狀態一直都不好，但他總是準時到我面前。

我問他為什麼總是能準時來談。他只是淡淡地回答，因為不知道還能做什麼，在家也很無聊，所以想來，至少可以說說話。有些話，他不敢跟媽媽說，怕媽媽多想。

有一次，我問他：「生命中，你曾遇到好多人，為什麼她影響你這麼深？」

他很認真的分析給我聽：「在前一段感情中，最放不下的是和前女友的感情，占了百分之五十。她是我的初戀，以前的我，真的以為我以後一定會跟她結婚，現在想想，覺得很好笑；還有性需求的滿足，占了百分之三十。我去找她時，她爸媽都讓我睡她房間；還有她爸媽把我當自己兒子看，占了百分之二十吧？她爸媽會煮東西給我們吃，還說謝謝我教她讀書，讓她成績進步很多，歡迎我常常來玩。那段時光，真的是最幸福的時候……」

原生家庭的匱乏

原來，璐從小在「偽單親」家庭中長大。他是獨生子，父親長年不在家，父母之間關係冷淡，媽媽常常向璐吐苦水，像是婆媳衝突、爸爸疑似有小三……璐很無力，他無法改變現狀，無法讓媽媽感到不痛苦。**他唯一能做的就是盡力念書，讓媽媽驕傲有這樣一個優秀的兒子。**

璐在前女友家得到的幸福感和滿足感，是在原生家庭中從未感受到的。璐第一次知道原來家可以這麼溫暖，大家一起吃晚餐，所有人都笑開了。

高三那年，璐都用「去圖書館念書」這個理由出門，他幾乎每個週末都待在女友家。好像唯有這樣，才能多沾染一些幸福的氣息，不用去面對家裡死寂的氣氛。

雙重打擊

而且，璐的成績一直都是全班前三名，求學也很順利，他沒有經歷過太大的失敗，因此，大一前女友提分手後，又面臨期末考五科被當的雙重打擊，對璐來說，就像從天堂掉到凡間。璐無法忍受突然失去一切，心就像被掏空，而產生自殺意念，甚至自殺未遂……

「我現在就是個再平凡不過的平凡人。以前很自命清高的，覺得好運都會留在我身上，我前女友也很漂亮。那時候，大家都很羨慕我……」**交了女朋友，不只是得到愛與隸屬的滿足，感受到被需要、被愛，璐在班上的地位，也跟著提升了。**

當大部分考上大學的孩子在盡情揮灑他們青春的時候，璐的人生在前女友和他分手的這一刻，開始停滯不前……這樣的停滯，當有一天他想要重新開始、想要向前走的時候，變得更困難。

因為他發現，再過一個學期，同學就已經要大三了，他離大家的世界越來越遠，他能接受自己從大一開始讀嗎？在系上不小心遇到以前的同學時，他要裝作不認識，還是能和他們打招呼呢？

他再次自殺，吞了藥，被媽媽發現怎麼一直昏睡，叫也叫不醒，打電話送去急診。

他再次自殺的這一天，媽媽忍不住打電話給璐的前女友，誠懇的問她，他們是不是可以聊一聊。

前女友答應了，但是璐勃然大怒。他覺得現在的自己很丟臉，他不想讓別人知道現在自己是這個樣子，他整整一個星期不跟媽媽說話。

「就算她回到我身邊，也已經找不回以前的感覺了，**我已經不是以前的我了……**」璐深深的嘆了一口氣。

一絲絲的火花

談了半年後，璐跟我說：「其實，我現在想到她已經不會難過了，我也很驚訝。但是，我還是不知道人為什麼要活著……我好像不一樣了，但我心情沒有比較好，我也不知道未來要去哪裡……我還是不想上學。我爸說不然我就去打工，但我也不想打工。我不知道人為什麼要活著，人活著真的太辛苦了！」

但隔了一個月後，我見到璐，那是我第一次看見璐興致勃勃，他的眼神開始有了光彩。璐帶了好幾株仙人掌來找我，要我選一盆。他說他想要批仙人掌來賣，有好多要考慮的細節啊。

那幾週，我們都在討論他的買賣計畫。璐成功的買到一批便宜的仙人掌，開始設計名片。他想把仙人掌的盆栽和文宣包裝得很文青，吸引年輕人來買。

但一個月後，璐說他不想做了。他也曾經和我分享其他的新計畫，例如去學校上一兩堂重訓課，透過交友軟體認識新的女生，但最後好像都不了了之。璐又回到了那個意志消沉的自己。

彷彿電光石火一般，璐想做什麼事情的動力，不知為何突然又消失了。但我覺得，這一絲絲的火花，縱使最後消失了，都是個小小的改變。**或許有一天，小火花就變成火苗了呢。**

我已經離開這個病房好幾年了，有時候，總會想起這個眉清目秀，但眼神透著滄桑，不像個十九歲的孩子。我很想知道他是否走出來了，他能在他的生活中，重新找到意義和方向嗎？而在他生命停滯的那幾年，最終是否能帶給他的生命一點點的養分？

心理師想說：

很多父母會很難理解，不就是失戀，誰沒有失戀過？有必要那麼難過嗎？怎麼那麼久還走不出來？但對於璐來說，這是他人生中的第一個失敗，而且**被分手是一個他「不能控制」的失敗**。考試可以靠自己努力考好，但女朋友卻說走就走了。不管他怎麼努力，也挽回不了。**當孩子越早經歷失敗與挫折，其實反而是好事**。因為他不會害怕失敗，而且他會知道，事情本來就不會一直都很順利。唯有靠著不斷努力，或許有一天真的會成功。而且，總能從失敗中學到點什麼。

心理學家艾瑞克森曾經提出「心理社會發展論」。他將人的一生中分為八個階段，每個階段都有一個主要的發展任務。當發展任務沒有順利完成，就可能產生「心理社會危機」，影響下一階段任務的發展。

他認為青少年發展任務是「自我認同」，意即了解自己是誰，喜歡自己，知道自己未來的方向。若無法達成自我認同，可能會讓孩子感到角色混淆，無法肯定自己，不知未來何去何從。

而在這個階段中，璐的求學一路上都很順利，幾乎都是前三名。他沒有經歷什麼失敗，也很順利的找到了未來的目標——生物醫學工程。

另外，在青少年階段，同儕也是非常重要的一部分。交女朋友，還有同儕對璐的羨慕與肯定，讓璐很順利的達成「自我認同」。

璐現在十九歲，正是從青少年邁入成年早期的階段。成年早期的發展任務是「與人建立親密關係」，意即能開始學習愛人與被愛，有親密的朋友和親密關係；若無法達成親密，可能會產生孤立的感覺。孤立——就是璐現在的感覺啊！而且，被分手是璐人生中經歷的第一個挫敗，因此，在瞬間擊垮了璐原本自以為穩定的自我認同。

在休學的這兩年，璐不僅失去女朋友，而因為面子問題，他不想和以前的朋友聯絡，也沒有機會交到新的朋友，變得更加孤立了。

父母、老師可以怎麼做：

不要急著跟經歷情傷的孩子說，天涯何處無芳草，何必單戀一枝花。「還會遇見好女孩的，那麼難過幹麼？」「在你跟她在一起之前，不是也活得好好的？」

因為，**情傷是自我價值的失落**。在談戀愛的時候，兩人的自我認同是互相影響的。熱戀的孩子通常雙眼都在發光，**他們構築了彼此的自我認同**。因此，被分手的孩子正經歷的是「是不是我哪裡不夠好，他才要離開我？他才會喜歡上別人？」「你離開了我，那麼，我又是誰呢？」當一段關係結束時，自己的某個部分好像也跟著失去了。

而且，經歷情傷的孩子失去的不只是一段關係，還有兩人一起構築對未來的承諾和夢想，例如璐一直以為，他們本來就會結婚。因此璐經歷的，是回到了原點，但因為經歷過戀愛的美好，所以更不能接受自己的失去，甚至比原點更糟。

那麼，父母、老師可以做什麼呢？

1. 每個孩子哀悼感情需要的時間不同，可能幾天，也可能幾個月，甚至更久，**試著尊重他們的速度**（縱使很多時候看起來很像在鬼打牆）。

2. 孩子需要一段時間重新找回自己，**重新賦予這段感情新的意義，以及重新定義自己**。這段時間，你的傾聽和陪伴非常重要。聽他說、聽他哭，可以幫助他，**指出他的非理性信念，但試著不去批評他的想法**。例如當他說：「我的人生就這樣毀了！」「我根本一無是處。」讓他看到他的人生並沒有被摧毀，他還擁有許多東西，還是有很多做得好的地方，而且不論如何，爸媽永遠都愛著他。

3. 鼓勵孩子嘗試新的事物或任何他想做的事情，例如認識新朋友、運動，或全家人一起去旅行。

希望每個孩子逝去的感情，都能化為滋養生命的養分。

割腕的誘惑

──「看到血流出來，我才覺得自己還活著，心不那麼痛了！」

小姿昨天被同學看到左手臂內側又有五道新割的傷痕。於是，導師把小姿轉介到輔導室。

再熱，都穿著薄外套

手臂的傷痕之中，不難看到一條一條白色的疤痕。就算是再熱的夏天，小姿都穿著薄外套。小姿只要心情不好，就想要割，例如被媽媽罵、和男朋友吵架、男朋友劈腿、考試考不好、被同學笑等等。

每一道疤痕，都是一個故事。

小姿今年七年級，是個眉清目秀、白白淨淨的女孩。但在諮商室裡，小姿常常低著頭，看起來悶悶不樂的樣子。小姿交過五個男朋友，都是學長。小姿說她喜歡成熟一點的男生。

「我懷疑我男朋友劈腿。我朋友昨天跟我說，她登入我男友前女友的ＩＧ，結果發現他們的對話很曖昧……」

「是什麼曖昧的對話，讓你這麼不舒服？」

「她沒有看清楚。她說她再找機會登入，再跟我說。但是我越想越難過，下課就割了。」

「那你會問你男朋友嗎？」

「我之前有問過啊！他就很生氣，說我想太多，真的沒怎樣。他說是前女友會主動密他，就是聊天而已。我今天會跟他見面，但我不想問他，因為他球隊下週就要比賽了。他說他壓力很大，我這樣問，會讓他心情不好。我想，若哪一天拿到他的手機，可以偷看一下，但我還沒有找到機會。」

「你真的很替他想耶！不想打擾他比賽的心情。他也不知道你都為了他，一個人這麼難過。相較之下，好像你替他著想的比較多。你有發現嗎？」

小姿說她知道，但她真的很喜歡他，所以願意包容。小姿已經不只一次為了男朋友疑似劈腿或花心的行為割腕。

前男友曾經說小姿割腕很噁心，現在的男友也曾罵小姿幹麼要割腕，所以小姿割腕，不會跟男友說。

與孩子討論如何用其他方法抒發情緒

問小姿對於一些事情的感覺，小姿不太能表達自己的情緒，只是淡淡的說「還好、不知道」。小姿說，看到血流出來，才覺得自己還活著。

我問她，會痛嗎？她說不會。「割腕，讓我覺得比較放鬆，胸口不會很重，像被石頭壓著。」

「感覺你很辛苦，很多情緒積在心裡，讓你很難受。當你不知道該怎麼辦的時候，好像割腕會讓自己好過一些……」

我也和小姿討論如何用其他方法抒發情緒，但小姿很困難的表示，她就算找朋友聊聊、畫畫、聽音樂，最後還是要割腕，心情才會好一點。

對此，小姿的媽媽很無奈。

「我不是那種不明理的媽媽。我女兒長得漂亮，我也知道會有人追她，所以當我知道她偷偷交男朋友，也同意他們在一起。只要安全，我也都讓他們出去。但她還是在割，怎麼好說歹說，都沒有用……她割的事情，我也不敢跟她爸說，她爸會很激動……

「我跟小姿說，如果那麼痛苦就分手。她說她不要。我也知道她做不到。我也有談過戀愛，懂那個心情。我也跟小姿說有什麼事情，可以一起聊聊。她說她不想跟我聊，我也尊重她。我知道青少年本來就比較喜歡找朋友。」

我肯定小姿媽媽的明理，也能體會媽媽的辛苦，同時忍不住在心裡讚嘆：這是一個多麼用心又尊重孩子的媽媽啊。

覺得自己沒有資格被愛，卻又好渴望被愛

在孩子還沒有找到其他抒發情緒的方式之前，割腕非常容易復發。我相信小姿媽媽開明且願意陪伴的態度，對於小姿一定有幫助，只是小姿可能還需要一點時間。

「他前女友比我漂亮、功課又比我好。我覺得我比不上她。」

小姿有學習障礙，但愛面子的她，寧可考最後一名，也不肯去資源班。低自尊讓小姿覺得自己沒有資格被愛，卻又好渴望被愛，因此她在人際關係及情感上非常敏感。

除了男朋友，小姿考不好的時候，也會割腕。小姿怕爸媽會罵她，後來改成割腳踝或大腿，會被衣服和襪子遮住的地方。

我們談了快兩年，小姿的狀況時好時壞。

好幾次，小姿導師衝進輔導室，無奈的問我：「她又割了！我們到底還能做什麼？」

一直到畢業，小姿的割腕頻率雖然下降了，但仍然改不掉割腕的習慣。

畢業後兩年的校慶，小姿突然出現在我面前。小姿對我笑著，我都快認不出這是從前那個悶悶不樂、低著頭走路的小姿。

「老師，我這半年都沒有再割了。我覺得這樣不值得，為什麼要替那些不開心的事情留下疤痕呢？」

我驚訝的看著小姿。**那一句「不值得」，代表著小姿更有力量愛自己了。**

願那些割腕的孩子，生命中所承受之重，能化作羽毛般的柔軟輕盈，飛向新的生命景致。

心理師想說：

和割腕的孩子晤談時，我會先同理孩子的情緒、和孩子討論割腕前後的感覺。很多孩子跟我說，感覺到痛苦的時候會想割，割完後，覺得比較放鬆。

那麼，為什麼孩子會割腕呢？

1. 文中小姿**不知道用什麼方式能宣洩情緒，於是用割腕來抒發情緒**。
2. 有些孩子割腕是因為無聊或好奇，因為同學割腕就跟著割，可能在青少年之間出現模仿效應。
3. 有些孩子想被看見，因此會割在手臂的外側，不穿外套遮掩，希望得到他人的關心或注意。這類型的孩子可能有低自尊、愛與隸屬未得到滿足的狀況。

我也會和孩子討論導致自傷的壓力源、對壓力的主觀感受，試著去理解孩子割腕背後的心理動機。例如小姿是個陷入愛情的孩子，很貼心、很替對方著想，因此對於男友疑似劈腿的行為，獨自承擔了很多複雜的感受，找不到排解的方式，而出現自傷的行為。

在晤談開始之前，我會讓孩子知道諮商基本上是保密的，但有些狀況發生時，為了要保護他，需要讓必要的人知道，例如家長、導師、輔導主任等。**三個保密例外狀況是傷害自己、傷害他人及違反法律。因此，割腕是保密的例外。**

有些孩子會很激烈反彈，覺得如果爸媽知道就完蛋了，或是不想讓爸媽擔心。我會和孩子討論不敢告訴爸媽背後的原因，藉此評估親子關係如何，也會讓孩子知道，我會怎麼和爸媽談他割腕這件事，讓孩子可以比較安心的回家。或者，孩子也能學習用新的觀點和角度，看待被罵這件事。**理解有些父母其實是用責備的方式，表達他們對孩子的關心。**

面對自我傷害的孩子時，評估孩子的支持系統非常重要

面對自我傷害的孩子時，評估孩子的支持系統非常重要。**我會問孩子：「當你心情不好的時候，會跟誰說？」**有些孩子能說出好幾個人，代表孩子的支持系統還不錯；有些孩子會抓抓頭，跟我說：「我不知道要跟誰說。」這樣的孩子可能「愛與隸屬」的需求沒有得到滿足。**我也會肯定孩子願意跟我說他的困境。**

很多青少年不想和父母訴說心事，因為這個階段的孩子特別重視同儕，可能只想和同儕分享。而且青春期的孩子開始長出自己的意見和想法，也開始反抗父母的管教。**孩子在「渴望獨立」和「依賴父母」之間衝撞，試圖重新找到平衡。**

當父母知道孩子割腕時，可能會感到困惑、心疼和生氣。氣孩子為什麼要這樣傷害自己，也不懂孩子心裡到底在想什麼，父母往往表現出來的就是責備。但**我會把孩子割腕的行為，視為是求救的呼聲：「我的壓力大到不知道該怎麼辦，誰可以幫幫我？」**

孩子可能有些話、有些感受，不知道怎麼表達出來，當強度大到自己都承受不了時，選擇了割腕。割腕很有可能復發，當孩子忍不住又割的時候，需要父母的理解與陪伴。父母

可以試著傾聽孩子的想法且不批判。

當父母開始同理孩子的感受，而不是責備，也能幫助孩子的情緒找到出口。

區辨「自傷」和「自殺」的不同

我會先釐清孩子是想自殺，還是自傷（如割腕）。自殺者可能感到絕望、自責、罪惡感或無價值感，認為問題是無法被解決的，且對未來沒有希望感；或將自殺視為一種手段，想用自殺來控制或報復他人。

自傷者通常是情緒太滿，不知道如何宣洩，透過割腕的方式，抒發情緒和壓力。自傷的孩子，不一定想自殺，但只要孩子有自我傷害的狀況，一定會做自殺評估（詳見〈自殺〉一文）。

我會和孩子討論心情不好時，做些什麼會感覺好一些。當他想要割腕時，有沒有其他方法，既可以抒發情緒，又不會傷害到自己。**鼓勵孩子嘗試用不同的方式抒發情緒**，例如找朋友聊天、聽音樂、騎腳踏車等。

割腕也有一些替代方式，例如用拳頭捶牆、捶沙發會感覺到痛，但能降低傷害的程度。撕紙、用美工刀割紙、丟或搥玩偶等等，也能抒發情緒，且不傷害自己。

XX國中疼惜自己契約書

姓名		性別		年齡		生日	
學號		年級	年　　班　　號			監護人	姓名： 手機：
電話	住家： 手機：		地址				

我＿＿＿＿與輔導老師約定，自＿＿月＿＿日至＿＿月＿＿日，無論在怎樣的情況下，我都不做出傷害或危害自己生命的行為，但是如果我發現自己情緒低落，很難控制自殺念頭、衝動或行為時，我願意試著做一些事幫助自己。若還是情緒低落，我會打電話給下列親友、老師，尋求協助，幫助自己度過這個難關。

當我出現想要自我傷害的念頭時，我願意先做一些事情，試著讓情緒緩和下來：

1. ＿＿＿＿＿＿＿＿＿＿＿＿＿＿＿＿
2. ＿＿＿＿＿＿＿＿＿＿＿＿＿＿＿＿
3. ＿＿＿＿＿＿＿＿＿＿＿＿＿＿＿＿
4. ＿＿＿＿＿＿＿＿＿＿＿＿＿＿＿＿
5. ＿＿＿＿＿＿＿＿＿＿＿＿＿＿＿＿

在緊急狀況時，可以協助我的家人或朋友姓名與聯絡方式如下：

● 若我想自我傷害，我會先聯絡：

1. ＿＿＿＿＿＿ 關係＿＿＿＿ 電話＿＿＿＿＿＿
2. ＿＿＿＿＿＿ 關係＿＿＿＿ 電話＿＿＿＿＿＿
3. ＿＿＿＿＿＿ 關係＿＿＿＿ 電話＿＿＿＿＿＿

● 必要時，我可以緊急聯絡輔導老師：

1. ＿＿＿＿＿＿ 電話＿＿＿＿＿＿

● 若以上都剛好沒有人接，我願意撥打以下電話，或等待上述親友老師回電。

1. 張老師專線1980　2. 生命線1995　3. 安心專線0800788995

立約人：＿＿＿＿＿＿　聯絡電話：

輔導老師：＿＿＿＿＿＿　聯絡電話：

立約時間：民國　　年　　月　　日

我和小姿一起寫下「疼惜自己契約書」（如上頁圖）。我們約定在一個時間範圍內，若小姿有自我傷害的衝動時，做哪五件事可以讓自己心情好一點，例如打電話給同學、聽音樂、和寵物玩、出門走走等，把可以做的事情，寫在契約書上。

若做完這五件事情，情緒還是無法平復，可以打電話找哪三位信任的親人或朋友訴說，在契約書上，寫上他們的電話或其他聯絡方式。契約書上也有生命線、張老師等電話。若剛好自己信任的親友沒有接到電話，在等待親友回電時，也還有其他求助的管道。

我也會對孩子說，**若真的要割腕，要做完上述可以幫助自己抒發情緒的五件事情後才可以做。鼓勵孩子練習用其他方式抒發情緒。**

在契約書上，我會先和孩子約定一週的時間。下週晤談時，檢視是否有做到。若孩子反映做不到或有困難（如做完這五件事情，還是想割腕），我們則會討論可以如何修改，再慢慢拉長約定的時間。

若孩子有割腕的行為，父母、老師可以怎麼做：

1. 了解「自傷是宣洩情緒的一種方式」：當孩子情緒大到自己無法承受時，不知道可以做些什麼幫助自己，而選擇自傷。**爸媽可以跟孩子討論心情不好的替代方案**，例如透過找人訴說、運動、畫畫等方式轉移注意力，或做會讓自己感到開心的事情，幫助孩子找到其他宣洩情緒的方式。

2. 以「願意傾聽」的態度陪伴孩子。若孩子不想談，讓孩子知道「如果你需要找人聊聊，我都在」。**孩子可能還沒有準備好要說，或是不知道怎麼說，但他可以感受到父母的陪伴和關心**。

3. **若割腕的狀況不會危及生命，以平常心看待孩子割腕的行為**：不過度責備或放大孩子割腕的行為，因為割腕是他們宣洩情緒的方式。
責備無法減少孩子割腕的行為。不要說：「怎麼又割了？真的很不孝。」「身體髮膚，受之父母。」而是調整成：「可能心裡很難受，讓你忍不住又割了，媽媽看了覺得很心疼，你最近有什麼煩惱嗎？我們可以聊一聊……」「我們之前有討論其他替代方式，有幫助嗎？可以試試看嗎？」

4. 若孩子自傷情況嚴重，或有強烈自殺意念，建議父母帶孩子就醫，請醫師評估是否有憂鬱或其他狀況需要用藥，以及是否需要心理諮商。

以身體換取「被愛」感覺

——孩子和父母的依附關係，如何影響孩子交男女朋友

小築才四歲的時候，爸爸就過世了。小築媽媽的憂鬱症非常嚴重，她會在小築面前割腕，血流得滿手都是，小築還曾幫媽媽拿衛生紙。

媽媽和小築一起住在租來的小套房。媽媽因為憂鬱症，沒有穩定的工作，嚴重時還需要住院。小築才四、五歲卻只能一個人待在家。

在社會處社工的評估之下，小築來到寄養家庭。國小時，小築就待過三個寄養家庭，換了四所國小。

小五時，小築開始會化妝。小築在Facebook上化濃妝、穿低胸短裙的照片，完全看不出來

是平時學校裡眉清目秀的小築。小築常常上網和網友聊天、使用交友軟體，她因為自拍裸照傳給網友，被導師通報性平事件，而轉介到輔導室晤談。

覺得心裡很空的孩子

現在八年級的小築，已經交過快二十個男朋友。最短的戀情只持續了三天，最長是五個月。小築常常在晤談時對我說，她分手了很難過。但下一次的晤談，她說她又交了新男友。我和小築討論，她喜歡他們什麼地方。小築也說不出來，只是覺得晚上有人可以聊天很好，不然實在是太無聊了。小築常常覺得心裡很空，好像少了什麼，但**只要有人可以聊天，她的感覺就會好一點……**

升上國中後，小築來到新的寄養家庭。寄養媽媽願意給小築更多自由，但小築和寄養家庭的衝突卻不斷。

小築一開始是穿了耳洞和舌環，之後開始交男朋友，然後和男友出門，徹夜未歸，甚至帶男朋友回家，藏在家裡。小築被發現的時候，正在和男友發生性行為，之後因為性平事件，得去警局做筆錄、上法院開庭等。這些狀況讓寄養家庭不勝其擾。寄養媽媽多次和社工討論，想終止寄養。

寄養媽媽的無力

「我那天下班比較早回家，我想我老公不在家，但家裡怎麼會有男生的聲音，結果推開門一看……我後來才知道小築居然已經把他藏在家裡三天了。我一想到就覺得很可怕……」

寄養媽媽嘆了一口氣，繼續說：「我大吼，叫那個男的把衣服穿上，那個男的又瘦又白，我還懷疑他是不是吸毒，不然怎麼這麼瘦……」寄養媽媽給我看她從小築手機拍下來兩人的鹹濕對話。

「我實在是不知道還能跟她說什麼。這已經是第三次了。我每次都跟她說，你要交男朋友可以，我沒有禁止你。你要跟男朋友出去，就跟我說一聲。只要有報備，去公共場所是安全的，我也都同意，但你可不可以不要一直發生性行為，這樣很危險！她都說好，看起來都很乖的樣子。她沒事的時候，是真的很乖沒錯。但這樣真的對身心發展很不好……」

寄養媽媽對小築感到非常無力。

我與小築的寄養媽媽因為時常聯繫，已經熟到像是朋友般的親切。

小築和男友是在網路上認識的，男友今年二十六歲，待業中。他們在一起三天，就發生了性行為。前兩次的性平事件也是類似的狀況——小築和成年男子在一起，沒幾天就發生性行為。

第一次看到孩子失落的表情

我和小築討論和男友怎麼發生性行為的，小築說起來輕描淡寫。

「就他要求啊。我一開始說不想要，但後來他一直盧，就做了。我不會後悔。「為什麼會帶他回家？我就想寄養媽媽不在家，又很熱，一時不知道去哪裡……」小築一副「這也沒什麼大不了」的態度。

之前的兩次開庭，兩個男生都賠了錢。「好像十萬，還是十五萬吧！媽媽說當我念高中的學費。」小築說。

我不確定小築是不是覺得這樣賺錢比較快，可以幫媽媽減輕一點負擔。但我相信，媽媽就算再辛苦，也不會希望小築這樣賺錢……

通報性平事件的那一天，我看見小築在嚴肅的導師旁邊，連大氣都不敢喘一聲，甚至眼眶泛紅，和平常笑嘻嘻、滿不在乎的樣子完全不一樣。班導很有威嚴，但學生都很喜歡他。在晤談時，小築跟我說：「班導說他對我很失望。」

我幾乎沒有看過小築失落的表情，那是第一次。

可能因為小時候經常目睹爸媽爭吵，之後爸爸過世，媽媽常常情緒失控且不斷進出醫院，幾乎兩年就換一次寄養家庭和轉學等生命經驗，小築很難信任大人，她總是向外尋找朋友、找男朋友，但我發現導師在小築心中有好人的分量。

導師對小築來說，是小築不曾擁有過的父愛的角色。

小築九年級時，因為媽媽狀況較為穩定，社工評估小築可以回家和媽媽同住，但媽媽租屋處離學校有一段路，小築搭公車上學，得花將近一小時的時間。

小築一直告訴我，她不想再轉學了。那時候，導師也不只一次請我轉告社工：「我希望小築可以繼續留在這裡，不要轉學。新的導師不知道小築的狀況，可能不知道怎麼幫小築，留在這裡，對她比較好。」

我聽了心裡好感動。雖然導師費了很多心力處理小築的問題，如果小築轉學，導師也會比較輕鬆，但卻還是希望她留在班上。

● ● ●

我想，小築心裡總是覺得空虛、寂寞，交了一個又一個的男朋友，還有輕易的和網友發生性行為，是想用身體換得被愛的感覺嗎？其實**在小築的生命中，還有好多愛她的人**——她的爸媽、導師、不同的寄養媽媽。不管小築和這些人的關係好不好，這些沒有放棄過她的人，都是愛她的。

我相信小築有一天會懂的。

心理師想說：

心理治療學派中的「客體關係理論」指出，小時候與母親的互動經驗，是我們自我概念、對他人的心理意象、親密關係發展與情緒發展的基礎。因此，我們在生命早期與主要照顧者的互動關係經驗會被內化，成為我們內在的人我關係型態，而這樣的關係型態，常會在日後的人際關係中重現，意即**我們和主要照顧者（如母親）的關係，會複製到我們與他人的關係**。

我們的主要依附對象通常為父母，是一個長期而穩定的客體，讓我們在變動的環境中，依然有安全感；讓我們知道今天我去冒險、嘗試新事物時，如果失敗了或跌倒受傷，也有人在身後可以依靠；以及當我覺得累了，我可以回家。

就像學走路的寶寶嘗試站起來，跨出第一步，當他跌倒了，他知道媽媽一直在身後為他加油，並不會突然不見，而當他哇哇大哭時，媽媽就在身旁。

當主要照顧者不斷變動，孩子難和他人建立長期而穩定的關係

但小築卻不同，小築的主要照顧者不斷變動（爸爸過世後是憂鬱症的媽媽，還有不同的寄養媽媽），小築必須去適應新的主要照顧者、適應新的環境、生活方式、家庭文化，以及主要照顧者的個性和態度等。

因此，小築很難和他人建立長期而穩定的關係，而且小築也已經習慣身邊的人來來去去。因為，**如果開始依賴某個人，當有一天失去他的時候，那實在是太痛苦了！**因此，小築很容易答應和他人交往，甚至輕易和他人發生性行為，渴望有人陪伴的感覺；但如果對方提分手，小築也不會覺得太難過。

那什麼是依附關係呢？「依附關係」及「分離焦慮」由約翰·鮑比（John Bowlby）所提出。之後，哈洛（Harlow）進行恆河猴的實驗，他做了兩個人造的猴媽媽，分別是有奶瓶的鐵絲媽媽和沒有奶瓶的布媽媽。研究發現，恆河猴除了喝奶的時間，會在鐵絲媽媽身上以

外，其餘的時間，都緊緊依附著布媽媽。

原來會讓恆河猴依附的是柔軟、溫暖的觸感，而非食物。這個實驗告訴了我們，**在物質需求底下，更重要的需求是得到溫暖及被愛。**

而愛因斯沃斯（Ainsworth）做了陌生情境的實驗。她拜訪了烏干達的二十六個家庭，提出了三種依附類型，分別為安全依附、矛盾依附及逃避依附（後兩者為不安全依附）。回到美國後，她進行了著名的「陌生情境實驗」。一開始，媽媽和一歲左右的寶寶在遊戲間，之後媽媽離開，陌生人進來安撫幼兒，最後媽媽回來。她發現：

1.「**安全型依附**」的寶寶在媽媽離開的時候哭泣，但能接受陌生人的安撫，在媽媽回來以後，也很快的破涕為笑。在媽媽安撫之下，可以繼續玩耍。

2.「**矛盾型依附**」的寶寶在媽媽離開的時候很焦慮，不斷尋找媽媽，但在媽媽回來之後，渴望媽媽擁抱卻又對媽媽生氣，甚至拳打腳踢。

3.「**逃避型依附**」的寶寶在媽媽離開的時候會尋找媽媽，但在媽媽回來的時候表現出無所謂的樣子，甚至想逃避。

給予「矯正性情感經驗」，讓孩子知道自己不被放棄且值得被愛

小築屬於「逃避型依附」的孩子。小時候時常目睹爸媽爭吵，之後面臨爸爸過世、媽媽不斷進出醫院，以及更換寄養家庭及轉學的狀況。小築的媽媽經常情緒失控，且無法回應小築的需求，再加上小築的照顧者不斷變動，導致小築和照顧者的連結並不深。

因為小小年紀的小築，不知道自己會在這個家住多久，或是哪天又要搬到哪裡或轉學，她習慣不和人有太深的連結，但內心深處卻又十分渴望被愛，因此在網路世界中，尋找一個又一個可以陪她的人。

對於小築來說，導師和國中的寄養媽媽是相對來說長期而穩定的客體，這是一個難得的「矯正性情感經驗」（corrective emotional experience）。指當個案再次經歷到在其他關係中未能解決，以及在過去成長的依附關係中，經常經驗到相同的人際模式時，諮商師或是個案的重要他人，能以嶄新且有效的方式來回應，使個案體驗到新的、不同的人際互動模式，提供個案改變的契機。

對小築而言，「**感受到無論犯了多少錯誤，都沒有被放棄**，而且這個人在小築發生事情時，一直陪伴在小築身旁」就是個很重要的新經驗，也是「矯正性情感經驗」。

導師和寄養媽媽是小築國中三年穩定的重要他人，讓小築知道自己是不被放棄且值得被

愛的。或許因為這樣的陪伴，在未來的某一天，小築能慢慢從「逃避型依附」變成「安全型依附」的孩子。

父母可以怎麼做：

1. 培養「安全型依附」的孩子：孩子的第一個親密關係就是父母，**孩子和父母的依附型態將會影響未來他和另一半的關係**。在寶寶哭鬧的時候，父母若能敏銳的覺察孩子的需求，例如需要換尿布、餓了想喝奶，或是想要父母抱抱，並能適當的安撫寶寶；隨著孩子長大，當孩子有異狀或遇到挫折，如在學校被欺負、考試考不好很沮喪、和朋友吵架等，**父母若能敏銳的察覺到孩子的需求，適時給予陪伴和支持，比較容易培養出安全型依附的孩子**。

2. 當你情緒失控打罵孩子，請向孩子誠懇的道歉，並對孩子表達爸媽還是很愛你。

3. 若察覺孩子因某些原因不再信任父母，不想和爸媽說心事時，開放的和孩子討論「他希望父母怎麼做」，也告訴孩子：「爸媽也在學習改變，當你想找人說話時，我們都在。」

父母不要做：

1. 不管孩子做什麼都被罵：讓孩子感覺到做A不對，做B也被罵，久而久之，孩子可能會有「習得無助感」，覺得做什麼事情都是錯的，乾脆就不做了，甚至開始自我放棄。
2. 忽略或否定孩子的需求：例如過早訓練孩子如廁，當孩子尿床時，嚴厲的責備孩子；或是當孩子遇到低潮哭泣時，沒有安慰孩子，反而指責孩子不夠勇敢、成熟。
3. **有條件的愛**：例如：「如果你不吃青菜（或是不好好寫作業），我就不愛你了。」這樣可能讓孩子感受到自己若不照著父母的話做，就不被愛了。**這樣的孩子可能學會做一些讓父母開心的事來討好父母，以得到父母的愛，但內在卻非常缺乏安全感。**
4. 若父母對孩子時好時壞和十分情緒化，心情好，就對孩子和顏悅色，心情不好就打罵孩子，孩子可能會非常焦慮，變成「又想靠近父母，又害怕靠近」的「矛盾型依附」的孩子。

若父母常常忽略孩子的需求，不管孩子再怎麼表達需要，都無法得到父母的關注，孩子為了生存，可能會發展出「只有靠自己，我才能活下去」的策略，傾向假裝自己很獨立、不需要依靠他人，變成「逃避型依附」的孩子。

未成年懷孕

——生下來留養、出養，還是墮胎？多難的決定

我剛到這所學校時，九年級的小雅就已經中輟了。據我們得知的消息，小雅是跟著男朋友一起逃家的，小雅的爸爸因此報了失蹤。

一直到學期快結束時，小雅被警察尋獲，我也才第一次見到她。

小雅燙著滿頭的玉米鬚，是個嬌小可愛的女孩，但她總是微皺著眉，彷彿有什麼委屈似的。

爸爸的憤怒與堅持

小雅的媽媽在十六歲時就生下小雅，那一年，小雅的爸爸也才十七歲。小雅三歲時，媽

媽離家，於是，白天阿嬤照顧小雅，晚上爸爸回家幫忙。爸爸在工地做事，有時候跑外送。在收入不高的情況下，辛苦的把小雅撫養長大。

小雅回來的第一天就跟我說，她最近很反胃、常常嘔吐。她覺得是腸胃炎，但因為沒有帶健保卡，看病很貴，所以一直都沒去看醫生。

我問小雅上次月經是什麼時候。她說月經很亂，她也記不清楚。因為小雅和男友多次發生性行為，保險起見，還是驗了孕，結果是兩條線。小雅當場全身發抖、淚流滿面。小雅哭著求我，不要告訴她爸爸。

後來，我們還是依法通報性平事件。小雅的爸爸氣得殺來學校，劈頭就打了她一巴掌，小雅的眼鏡飛出門外。

小雅想把孩子生下來，但小雅的爸爸堅持要她把孩子拿掉，還說要告死那個男生。如果被他找到那個男的，一定要狠狠揍他一頓。

左手臂和大腿內側，數不清的割腕傷痕

我和小雅約定一週晤談一次。小雅說，這個家根本就沒有溫暖。從小，爸爸常因為小事而打她。阿嬤非常不諒解媽媽任性離家的行為，還把小雅這個拖油瓶丟在家，所以只要小

雅做錯事，阿嬤就會一直碎碎念，例如「生個女兒回家幹麼，生兒子還比較有用」之類的話，讓小雅非常受傷。

因為家裡沒有溫暖，所以小雅交了一個又一個男朋友，她渴望從男朋友那裡得到愛。從小四到國三，小雅已經交過十二任男朋友。短則三天，長則一年一個月。當小雅和男友吵架或分手，小雅的心空蕩蕩的，像被全世界拋棄一樣。小雅的左手臂和大腿內側，有著數不清的割腕傷痕。

同學不太喜歡小雅，因為她越來越少來上學，和同學漸漸變得不熟。另一方面，同學覺得小雅很做作，上學戴變色片還化妝。為了男生，小雅還和其他女生爭風吃醋。小雅中輟近一學期才回來，大家都在努力準備九年級重要的會考。小雅的世界已經和他們完全不同。

我請小雅爸爸來學校一趟，和爸爸討論小雅懷孕要怎麼處理。爸爸態度強硬的表示：

「一定得拿掉，沒有第二句話！」

看著小雅爸爸這麼堅持，我提醒爸爸，小雅才剛回來沒幾天，請爸爸和小雅討論時，語氣和緩一些。小雅爸爸沒說什麼就走了。

爸爸突然蒼老許多

兩天後，爸爸帶小雅去醫院把孩子拿掉了。休養兩週後，小雅回來上學。一提起爸爸，小雅的眼神充滿恨意。過沒幾天，小雅找到機會又逃家了。

小雅爸爸的年紀沒有大我幾歲，但他來學校告訴我小雅又失蹤的那一天，我看見他眼尾的魚尾紋，還有越來越多的白髮，突然覺得他蒼老了許多。

小雅再一次回校，是兩個月後，被警察尋獲送回來的。小雅的頭髮染成粉紅色，還穿了舌環。小雅說因為男友劈腿，他們已經分手了。和男友分手後，她住在不同的朋友或學姊家，晚上去夜市打工。我看見她的手臂又有新的傷痕。

回家之後，小雅沒有再和爸爸說過一句話。我擔心小雅再次離家，想邀請爸爸一起來談，但小雅始終搖頭。

畢業典禮上的衝突

畢業典禮那天，小雅只有拿到結業證書。小雅的爸爸穿著又破又髒的工作服，在雨天匆匆趕來參加小雅的畢業典禮，小雅覺得好丟臉。

小雅厭惡的跟爸爸說：「你幹麼來?!」上次回家後，爸爸沒有再打過小雅，但在畢業典禮會場上，他忍不住給了小雅一巴掌。

我帶著幾近失控的兩人回輔導室。小雅爸爸氣得漲紅著臉、緊握拳頭。小雅一邊哭，一邊尖叫：「你憑什麼把我的孩子拿掉？你這個殺人凶手！你今天幹麼來，我就叫你不要來，你來，只是讓我丟臉而已……」

至少有兩三分鐘的時間，爸爸只是看著小雅不說話。諮商室裡，安靜的只剩下小雅啜泣的聲音。

小雅爸爸卻突然紅了眼眶：「我看到你，就像看到以前的自己……你不要那麼早生小孩，和我一樣。那樣，你只會吃苦而已。我不想你吃苦……而且，那時候我還太年輕，根本沒辦法好好照顧你……」

小雅突然安靜下來。他們就這樣看著對方。

那天，小雅一句話都沒說，臉還是很臭的和爸爸走出校門，但聽說之後小雅就沒再逃家了。

心理師想說：

小雅是個「不安全依附」的孩子（請見〈以身體換取「被愛」感覺〉一文）。三歲時，小雅的媽媽離家，爸爸常常打她，阿嬤因不諒解媽媽離家的行為，也嫌棄小雅。因此，小雅不斷交男朋友，渴望從男友身上找到在家庭感受不到的被愛的感覺。

但**在愛情中，小雅容易交到同樣是「不安全依附」的男朋友**，因為兩個人都很缺愛，所以剛開始在一起時互相依賴、非常甜蜜，但因為兩個人在愛情裡都很缺乏安全感、容易焦慮或是不信任對方，而容易爭吵或吃醋，因此，愛情通常在轟轟烈烈中結束得很慘烈。

隨著資訊爆炸及社會的開放程度提高，青少年發生性行為的比例，也較以前增加許多。根據國民健康署二〇一七年「高中職、五專一至三年級的學生健康行為調查」中指出，十五至十七歲在學男生，有性行為比例為8.4%，在學女生有性行為比例為10.2%，全體有性行為比例為9.2%。我覺得比例不低，「落實性教育」實為當務之急。

青少女若意外懷孕

在身心發展方面，青春期階段，身體才剛開始發育、逐漸成熟，因此並不適合懷孕，屬於高危險妊娠，較容易有早產或胎兒體重過低的狀況。

心理方面，男朋友的態度對於懷孕的青少女來說，也是很關鍵的因素。若男朋友避而不見或雙方意見相左，青少女可能有被遺棄、悲傷、生氣、孤單、無助等複雜的感受，且責任就會變成青少女一人獨自承擔。

青少女的家人也可能因為無法接受，而有震驚、憤怒、慌張、互相指責等情形，甚至因為這個事件造成家庭失和。家人若無法支持青少女的懷孕過程，將造成青少女更大的心理壓力及罪惡感。

不同的決定，所面臨的各種困境

若不小心懷孕，最重大的議題是到底要把孩子生下來，還是拿掉？若決定把孩子生下來，是要結婚、單親撫養，還是出養呢？

1. 若決定要把孩子拿掉，青少女可能會產生自責及罪惡感，覺得自己傷害了一個生命。

2. 若決定生下來，自己撫養，青少女會面臨原有角色從「女孩」直接跳到「母親、妻子、媳婦」的驟變，不但需要承擔母親的責任、學業可能被迫中斷、經濟上的負擔，以及承受他人眼光等壓力。

①若未婚爸媽決定奉子成婚，可能因沒有感情基礎，且身心發展未成熟（如青少年階段心理發展上較為自我中心的），而無法好好維繫親密關係；也因為驟然成為小爸爸小媽媽，欠缺照顧嬰兒的技能等情況，導致離婚率的提高。

②若決定出養，可能會有罪惡感、自責，覺得自己拋棄了孩子，需要調適失落及愧疚等心情，在出養後，慢慢回復原有的生活步調。

小雅的爸媽奉子成婚，但孩子出生後，面臨經濟上龐大的壓力。很多未成年懷孕者若家境不好，生孩子後，經濟的問題無疑是雪上加霜。學業也很可能因此中斷，無形中降低了社會競爭力。低學歷者的工作可能是低技術、低薪資的工作，而導致無法給孩子良好的教育環境及文化刺激。孩子在低社經背景中成長，長大後，也較易在低社經背景中循環，形成代間傳遞。

另外，由於面臨種種壓力，也較容易有虐待、疏忽照顧等情況。此外，雖然現今社會已經比過去開放許多，但很多時候，仍需承受社會大眾的異樣眼光。

若孩子意外懷孕，父母可以怎麼做：

1. 預防勝於治療，**父母在平時就開放的和孩子討論性議題**，以落實孩子性教育：例如「成年或婚後發生性行為是保護自己的行為」，「不把性行為作為感情的承諾」，「若真的發生性行為，一定要戴保險套，保護自己」，「與未滿十六歲者發生性行為，無論是否合意都是違法」等。

2. 得知孩子意外懷孕時，父母的心情可能十分複雜，有震驚、憤怒、自責、慌張等情緒，或覺得丟臉、沒面子；而孩子同樣承受很大的壓力。因此，父母可以等自己情緒較為平復之後，再和孩子談話，避免第一時間激烈言詞傷害到孩子。同時，若孩子願意向父母求助，而不是在外找密醫處理，也代表孩子願意信任父母。**讓孩子知道，父母會陪伴他一起面對**。

3. 在意外懷孕的情況下，無論是墮胎、把孩子生下來自己撫養或是出養，這些決定都無法面面俱到。因此，**父母不要用道德角度來批判孩子的決定**，而是能和孩子一起討論，分析這三種情況對孩子目前狀況、未來發展的利弊，以及父母親所能提供的協助。

4. 和男方及男方的父母一起討論：**懷孕造成的心理壓力不該是由青少女一人來承受，而是男女雙方及父母一同負擔責任**。共同討論如何面對這個問題，以及從這件事情中學習到什麼。

5. 尋求外在資源的協助：如勵馨社會福利事業基金會、全國未成年懷孕諮詢專線0800-257-085、未成年懷孕求助網站www.257085.org.tw。尋求醫療、法律、經濟扶助、托育需求、友善校園環境等諮詢，以及心理諮商、家族治療、親職教育等服務。

輯四

人際關係上的難題

關係霸凌
——看不見，也摸不著的傷，最痛

我來到這所學校時，小豆已經九年級了。而這學期，小豆常常來輔導室，因為他在班上沒有朋友。

小豆長得黑黑胖胖，還有點暴牙。他說話不太清楚，課業成績也不好。因為自卑，小豆喜歡吹噓自己的豐功偉業。他說他在宮廟活動、陣頭當中，他要槍舞棍很厲害，大家都很羨慕他。後來我才發現，其實小豆在陣頭也常常被人嘲笑，而且不一定會上場。

也因為這樣，班上同學會在背後說小豆的壞話、嘲笑他。課堂需要分組時，有幾位同學會叫別人不要跟他同一組，最後小豆只能和沒分到組的人同一組。也有一些同學會嘲笑他，偷藏他的書包，甚至把他的鉛筆盒丟進資源回收桶。

有一次，小豆實在受不了，告訴班導，班導竟然說：「你自己該做的事情也沒有做好，難怪同學這樣對你。」

只能用外套把臉遮起來

學校每學期會舉辦職業試探的活動，帶學生去參訪不同的高職或機構，有一位同學在集合時大聲的說：「是誰那麼胖啊？像豬一樣，大家離他遠一點。」

導師聽到以後，只是叫同學不要吵。在導師聽不到的地方，更會有人這樣說，其他人就跟著竊笑。

小豆之前會很生氣的回嗆：「你幹麼亂講話？」但同學卻訕笑得更厲害：「誰在說你啊？對號入座！」於是，小豆後來都假裝沒聽到，但他還是覺得好丟臉，只能用外套把臉遮起來。

小豆的媽媽也知道小豆的狀況，但卻無能為力，因為媽媽不只一次向導師反映，但是導師卻說：「同學愛講什麼話，我也管不動。我只要有聽到都會制止。小豆自己也有很多事情沒做好，例如不寫作業、被糾正還頂嘴、愛講髒話、動不動就生氣，這樣同學怎麼會喜歡他？你要求別人改變，自己是不是也要先改變？」

令人擔心的誇大妄想

小豆的爸媽雖然沒有離婚，但早已分居。媽媽在檳榔攤工作，還有一個發展遲緩的弟弟要照顧。弟弟已經小四了，還需要媽媽每天幫忙洗澡。小豆的媽媽實在是沒有多餘的心力再來煩惱小豆的事。

與小豆談了幾次以後，我發現小豆好像有些不太對勁。例如，小豆會吹噓自己在陣頭時，鐵條穿進嘴巴，再從另一邊穿出來，都不會流血；還有一次，小豆說自己都不用刷牙，如果不小心蛀牙，自己拔掉就好。上次拔牙的時候，血流得滿身都是，但兩天後，新的牙齒就長出來了。

類似的話題，在每次與小豆晤談時都會出現。

我赫然發現，小豆的誇大和吹噓自己，好像並不完全是因為自卑，我擔心小豆有「誇大妄想」的症狀，於是，我也請學校的心理師幫忙評估小豆的身心狀況，之後我們建議小豆媽媽帶小豆去看精神科，但小豆媽媽完全無法接受。

「導師說小豆有問題，你們又說小豆有病，要看精神科。為什麼都是小豆有問題，別人都沒問題？」小豆媽媽看起來很不滿。

我可以理解小豆媽媽要接受「原本以為健康的孩子，可能也生病了」的確需要時間，而且**媽媽是在氣導師沒有妥善處理班上霸凌的問題，在情緒累積之下，「否認」往往是最好的防衛機轉**。只要不相信，只要認定是別人針對小豆，那麼，就不會威脅到自己原本相信的事，就沒事了。

小豆也很生氣，他覺得心理師背叛了他，在背後說他壞話。他從此再也不和心理師講話。我還是持續和小豆晤談，但沒有經過精神科的診斷和治療，小豆的誇大妄想還是很嚴重。小豆常常滔滔不絕、口沫橫飛的吹噓自己有多厲害。小豆有時會抱怨班上同學欺負他，但更多時候，是說自己在班上人緣有多好、大家都怕他。

輔導老師的無力

我覺得談得好無力。我也曾經入班宣導霸凌的議題，但我沒有辦法改變班級的互動脈絡，效果有限。處理霸凌最有影響力的是導師，不是我。

我沒有辦法改變他的班級、他的導師，我所能做的就是「陪伴」而已。我忍不住在想，如果小豆是在別的導師班上，是不是會不一樣……

一年的時間過得很快，小豆畢業了。

小豆畢業後兩年，我從其他老師口中得知小豆上了新聞。小豆因為加入幫派、殺人未遂被抓了，我看著其他網友在新聞底下的留言，覺得好難過。「死屁孩，活該死好。」「這種人趕快槍斃啦！不要浪費國家資源。」

我知道殺人未遂的嚴重性，但就是因為我知道小豆背後曾經歷的事情，我的感慨很深。我不知道小豆最終有沒有去看精神科，因為妄想可能是「早發性思覺失調症」的症狀，如果能早點就醫，預後會比較好……

小豆不是個壞孩子，希望在他的生命中，能遇到幫助他的貴人……

心理師想說：

霸凌可以分為肢體霸凌、言語霸凌、關係霸凌、網路霸凌、性霸凌、反擊型霸凌等六種。

文中的小豆，就是受到同學的言語霸凌和關係霸凌。之前令人震驚和遺憾的新聞之一，就是韓星雪莉因為不斷遭受網路霸凌，最終選擇自縊身亡。由於現今網路發達，青少年在匿名的社群網站之中，也很容易產生網路霸凌的現象。

其中，關係霸凌是很容易被忽略的，因為被排擠不僅沒有證據，也沒有傷口。透過鼓吹旁人或是散播謠言，讓更多人聯合起來排擠被霸凌者，讓被霸凌者在群體中被孤立、沒有朋友，而感到憂鬱、失落、憤怒、無力等，產生心理困擾。

霸凌現象分為霸凌者、旁觀者和被霸凌者。霸凌者可能是班上較有影響力的人，比較自我中心，希望得到大家的關注，但心裡可能很缺乏安全感，因此需要用霸凌他人的方式，獲得關注及存在感。霸凌者也有可能是學習成就低落的孩子，因為在學校環境中沒有舞台，無法被看見，所以藉由欺負比他更弱小的孩子，尋得自我價值。

大部分的人是旁觀者，旁觀者可能覺得不關自己的事，或是因為從眾壓力，怕因為支持被霸凌者而遭到排擠，不得不選擇漠視。**旁觀者的冷漠，助長了霸凌行為的發生。**

有個遭受關係霸凌的孩子對我說，她原本的好朋友跟她說，她們也很想和她好，但因為怕被排擠，所以只有放學時才敢跟她走在一起。這是多麼讓人難過的事。

而遭受霸凌的孩子可以分為兩類，第一類的孩子可能和班上多數的孩子「不一樣」，例如衛生習慣不佳、個性比較陰柔、體型比較瘦小等；另一類的孩子可能比較自我中心、人際敏銳度不佳、自我省思較弱，或是缺乏人際互動技巧，例如患亞斯伯格症的孩子，也有可能因較不會察言觀色而被排擠。

被霸凌者常常會選擇隱忍下來，因為通常告訴老師之後，霸凌者會被老師責罵或處罰，因而被霸凌者反而會被報復，可能被欺負得更慘；或是被霸凌者覺得老師也無法解決問題，而沒有說出口。

曾經有老師對我說，被霸凌者自己也不討人喜歡，或是他做了哪些事情，讓同學不喜歡他。但我認為，**就算被霸凌者不討人喜歡，也不代表別人可以霸凌他**。而老師的沉默，更可能助長霸凌事件的發生，就像小豆所遭遇到的。

如何預防及處理校園霸凌？

學務處和導師是減少霸凌事件非常重要的角色。預防霸凌，而非等到霸凌事件發生才處理。學校積極宣導「校園反霸凌」，舉辦活動如反霸凌漫畫比賽、反霸凌標語甄選……等吸引學生參與，強調每個人都有制止霸凌行為的責任。營造校園和班級中互助、友善的氛圍，可以減少霸凌事件的產生。

我認為**導師是處理班級霸凌的關鍵角色**。我曾遇過一個導師細膩的做法，讓我非常感動。班上有個說話口無遮攔、時常激怒同學而被排擠的孩子。導師了解他的動機是因為自卑，而想被大家關注後，就安排他擔任小老師，營造讓他被看見的舞台。

導師也趁他不在班上時，讓班上同學了解他因為家庭因素，需要大家的包容和幫忙，創造了班級中友善、互助的氛圍。

這樣的雙管齊下，讓我對這個孩子的輔導事半功倍。孩子雖然偶爾還是會亂說話或和同學起爭執，但在導師和同學的提醒之下，孩子開始學習修正自己的行為。因此，孩子不再被排擠，在班上交到朋友，得到了歸屬感。如此一來，創造了一個正向循環，孩子自然就更不需要用那些不好的方法，引起他人關注了。

我也看見在這個過程中，導師的辛苦和孩子行為的波動。孩子的狀況時常反反覆覆、時好時壞，導師也曾被孩子氣到疲憊的跟我說，他實在是不知道還可以怎麼做。但因為導師沒有放棄這個孩子，也致力於讓其他的孩子理解這個孩子，孩子才有了一點一滴的改變。

但我也看到不是所有的孩子都能如此幸運，就像小豆。

當老師遇到遭受霸凌的孩子，可以怎麼做呢？當孩子鼓起勇氣向你訴說時，請你肯定他的勇氣，同理他的感受，並和他討論，他希望得到怎樣的幫忙。

霸凌事件需要敏銳而細膩的處理，不是把霸凌者找來罵一頓，這樣可能造成反效果，甚至更糟；而是去理解霸凌者背後的心理動機及需求，再視情況妥善處理，並激發霸凌者的同理心，讓霸凌者明白沒有任何人有權力霸凌他人。

當孩子因為被排擠來晤談時，我也會跟孩子說，我們從小到大會在很多不同的團體中，國小、國中、高中、大學、補習班、才藝課、親戚的孩子們、鄰居、職場等，可能會有人喜歡你，有人討厭你。你也會有喜歡的人和不喜歡的人，這都是很正常的。有可能你在這個團體中很受歡迎，但在別的團體中，卻怎樣也無法融入。

但請不要忘了，你是那個獨一無二的你。**你的價值，不會因為別人的評價而改變**。

發現孩子被霸凌，父母、老師可以怎麼做：

1. 有些孩子遭受霸凌可能無法說出口。因為**對青少年而言，求助可能是不夠勇敢的表現**。但父母可以多留意孩子是否和平常表現不同。可能會有一些線索，例如孩子脾氣變得暴躁、情緒低落、沉默、易哭泣、表達不想上學等。

2. 若發現孩子有異狀，**可以用具體的問句，和孩子聊聊**，例如問孩子：「和同學相處得怎樣？和哪些同學是好朋友？平常都跟同學聊什麼？」而不是問孩子：「學校還好嗎？」也可以請孩子用一至十分來評估自己目前所遇到的困難是幾分，而要怎麼做，才能降低一分等等。

3. 當孩子不想說，請尊重他可能還沒有準備好要說，並表達若孩子需要幫忙，父母都很願意聽他說。

4. 當孩子願意說，可能聽到的當下，父母的心情是又急又生氣，氣對方欺負自己的孩子，也急著想幫孩子解決問題。但請慢下腳步，傾聽孩子所說的，**肯定孩子說出口的勇氣**。不要急著幫助孩子，反省自己哪裡做得不好，才會被同學討厭，而是**要讓孩子知道「這不是你的錯」**。和孩子討論，現在他需要的幫忙是什麼，例如向某位老師求助、想轉學、想要勇敢說不，或只是想有人聽他說話。讓孩子知道父母都在身邊陪他，他不是孤軍奮戰。

ADHD——剎車失靈的孩子，被討厭、被排擠，停不下來的惡性循環

在我念完研究所，準備回學校復職的暑假，就已經聽過小豪的豐功偉業。

小豪長得黑黑壯壯的，有注意力不足過動症（ADHD）的診斷。小豪的運動服看起來很破舊，有些地方甚至有破洞。就算買新的運動服給小豪，兩週後也會變成那樣。而且，小豪的身上有濃厚的汗臭味，所以同學都不喜歡靠近他。

狀況百出的孩子

小豪的眼鏡常常是戴歪的，鏡片看起來霧濛濛，都是手摸過的痕跡，牙齒上都是黃垢。

雖然小豪不是我的個案，但小豪喜歡來輔導室一邊吃早餐，一邊跟我聊天。小豪常常口沫橫飛的說，他昨天又去哪裡釣到幾隻螃蟹，他用什麼當餌……小豪覺得自己超厲害的。小豪的牙縫裡常卡著菜渣，一講到興奮處，甚至會噴食物出來。小豪常常忘記帶餐盒，所以來輔導室借碗和筷子，有時候，則是來借原子筆或橡皮擦。

不知道為什麼，小豪的鏡架常常會斷掉。我問他的時候，他搔搔頭，認真的想了一下。「可能因為剛剛打球，還是去哪裡碰撞到了吧……」小豪露出不好意思的笑容。小豪來輔導室借膠帶，一層一層的把鏡架纏繞起來。

小豪念的是體育班。有一些家長因為孩子不愛念書，就想讓孩子去讀體育班，這種心態本身就很不正確，因為要培養一個專長其實很不容易，不但練習時間長，孩子還要肯學、肯吃苦。我見過好幾個孩子在專長課嫌累、學不來，於是在專長課時間，孩子就只能到導師辦公室自修，小豪就是一個例子。

更糟糕的是，小豪很愛頂嘴，當他犯錯被糾正時，他就會說：「我又沒有這樣，是因為@#$%^&*我才@#$%^&*……」「我沒有blablabl……」小豪在第一時間一定否認到底，試圖把錯推給別人。有時候證據都已擺在眼前，但小豪還是死鴨子嘴硬。

有些孩子比較識相，當發現老師已經不高興的時候，就會適時閉嘴，但小豪不是。導師罵一句，小豪就回一句，導師越罵越大聲，小豪居然也跟著吼回去，音量大到連對面的教室都聽得到，我常常聽得不禁暗自捏把冷汗（他們該不會等一下打起來吧？）。

通常這樣吵了十分鐘以後，小豪會怒氣沖沖地衝出教室，跑到校園某個角落躲起來。

導師幾乎崩潰

小豪七年級的時候，有一次和同學大吵一架，兩人在地上扭打成一團。小豪不僅吐口水，還咬住對方的衣服不放。導師拉不開兩人，生教組長趕了過來，把兩人拉開，結果弄得生教組長全身都是小豪的口水，還借了淋浴間沖澡……

因為上述這些事情幾乎兩三天就發生一次，導師差點沒被小豪搞瘋。其實小豪的導師在我印象中，是很有耐心和愛心的資深老師，但自從帶了這屆體育班，導師被小豪弄到差點崩潰。小豪的導師不只一次在辦公室掉淚，還去精神科拿放鬆的藥物，才有辦法入睡。

在家長和學校激烈的溝通協調之後，小豪轉班了。但兩位導師二十多年的交情也跟著破碎。

好重的一句話

小豪的新導師對孩子很用心，但個性比較嚴謹，相較之下，要求也比前一位導師更高。

他耐心的教導小豪日常生活常規及衛生禮儀，像是擤完鼻涕的衛生紙要放在塑膠袋裡，下課再拿去丟，就不會風一吹就掉滿地；因為小豪常常忘記吃ＡＤＨＤ的藥，導師還找女同學擔任小天使，提醒小豪吃藥，但小豪總是愛吃不吃的樣子，還對女同學發飆。兩週之後，導師決定再也不要管小豪了。

「我教書教了二十年，沒見過這麼不要臉的孩子！」

這句話說得好重。我聽到時，心裡都忍不住震動了一下……

小豪不喜歡吃ＡＤＨＤ的藥。雖然導師說那是聰明藥，但他認為大家覺得他有病才叫他吃藥。因為沒有按時吃藥，小豪不僅上課無法專心，而且衝動行為也很難控制。小豪像顆陀螺一樣，轉個不停，上課玩筆、和同學吵架、不斷舉手想發言……

小豪好幾次語帶落寞的跟我說：「同學都不想跟我玩，他們說我很臭，但是，我真的都有洗澡、洗衣服。」「不管我做什麼，反正他們就是不喜歡我，導師也不喜歡我……」

孩子從不覺得自己有錯

小豪的爸媽生了四個孩子。小豪爸爸行動不便，工作不穩定，是低收入戶，在媽媽離家出走後，爸爸無法照顧這麼多的孩子，就把四歲的小豪交給阿嬤照顧。

但阿嬤在小豪小一時過世，那時候因為叔叔、嬸嬸努力好幾年都生不出孩子，叔叔主動說想要照顧小豪，爸爸也樂見其成。於是，叔叔、嬸嬸就成了小豪的養父養母。

叔叔、嬸嬸好不容易有個兒子，因此他們非常寵愛小豪。小一時，就幫小豪買手機，任由小豪玩到半夜。但隨著小豪越長越大，變得越來越叛逆。小豪常常不寫作業，打電動到半夜，導致早上起不來而遲到，也幾乎每天都和同學發生衝突。而當叔叔發現管不動小豪時，已經來不及了！

小豪上國中後，叔叔幾乎兩三天就會接到導師的電話，導師會提到小豪又在班上做了哪些惱人的事。叔叔也時不時要幫小豪送沒帶的東西，實在是疲於奔命。沒想到，最後叔叔竟然又把小豪送回爸爸身邊……

回到爸爸身邊之後，爸爸完全管不動小豪。小豪還有兩個哥哥和一個姊姊，哥哥姊姊看不下去時，就會幫忙管教。有一天，半夜兩點小豪還在看電視，爸爸叫小豪關電視，小豪不肯，還吼爸爸。二哥看不下去，打了小豪一巴掌，於是兩人扭打成一團，還吵醒了高齡九十幾歲的阿祖。阿祖走了過來，不小心被絆倒，結果骨折住院了……

隔天，我們發現小豪的脖子和背上都是抓痕，於是通報了兒少保護的社工。小豪滔滔不絕的說二哥有多過分，完全不覺得自己也有錯。

孩子難掩失落

但偶爾還是有令人開心的事，小豪參加全市的技藝競賽——「中餐」得到了佳作。小豪很期待畢業典禮可以上台領獎，但他因為又惹了麻煩，被導師責備之後，就耍性子不來參加畢業典禮預演，甚至畢業典禮當天還穿便服來。

導師之前就已經再三提醒小豪，如果畢業典禮不穿制服就別想參加，於是，小豪又被罵了。小豪衝出校門，半小時後，輔導老師把小豪找了回來，還好心幫他借了制服。

後來，導師心軟，還是讓小豪參加畢業典禮。小豪坐在我旁邊，很興奮的對我說：「我知道技藝競賽得獎的會上台，等一下會叫到我喔。老師，你幫我拍照好不好？」

隨著時間一分一秒的過去，小豪開始坐立難安，問我：「等一下會頒獎嗎？怎麼還沒叫到我？」「是不是漏掉了？」

結果從頭到尾，都沒有念到小豪的名字，我看到小豪難掩失落的臉。

原來，導師和輔導室討論，因為小豪不僅藉故不參加預演，而且還穿便服參加畢業典禮，就不讓他上台領獎（但還是有給他獎狀）。

最終，這樣風波不斷的三年，小豪畢業了，大家都鬆了一口氣。

師生互動形成惡性循環

我在旁邊看著這一切發生，心裡真的很難過。雖然小豪不是我的個案，但我一直在思考，事情有沒有可能有不一樣的發展？

當小豪被罵時，我也會忍不住跟小豪談是非對錯，提醒他，如果大人在氣頭上，他能不能少說兩句，但他還是不斷的狡辯。因此，我也會被惹怒，不想再理會他。

但我們能不能降低標準，不用同樣的標準去要求每個孩子？我們能不能不放棄每個孩子？

因為我看到了**惡性循環，當導師越覺得小豪是個壞孩子，小豪就越去做那些討人厭的事情，導師就再次驗證了他的假設是對的，然後班上同學也越來越討厭他，小豪就更加覺得自己是個沒人愛的孩子……**

不斷「被拋棄」的孩子

在小豪的生命經驗中，主要照顧者不斷的變動。從媽媽離家出走，爸爸把小豪託付給阿嬤照顧，然後小豪遭遇阿嬤過世的失落經驗，在叔叔接手後，卻又因為小豪調皮難管而丟還給爸爸。七年級導師被小豪氣到希望小豪轉班，但轉班後，小豪又常常被現在的導師破口大罵，甚至說小豪不要臉……

小豪是個在依附關係裡不斷受傷的孩子，甚至是不斷重演「被拋棄」的經驗，從媽媽、爸爸、叔叔嬸嬸、國一導師、現在的導師……

我們能不能看到孩子一點小小的改變？

如果我們能試著不把小豪視為壞孩子，把「小豪的行為」和「小豪這個人」分開，去看到**小豪不斷辯解和頂嘴的背後，其實是求好心切卻又低自尊**，白話來說就是「想把事情做好，卻總是搞砸，然後找一堆藉口」。這樣，我們是不是比較不會被小豪激怒？

小豪從七年級會亂咬人、打人，到九年級會大吼大叫，但沒有再動手，我們能不能看到這一點小小的改變？

縱使和「情緒穩定」還差得遠，但我們也能讓小豪看見他在情緒控制上的進步，而且，我們願意相信他可以做得更好。

我們能不能看見小豪任何小小的好？例如小豪就算常被罵，但他沒有中輟，而且他見到老師都會問好。小豪擁有旺盛的生命力（未來絕對能養活自己，不是靠爸族）。放學後，他喜歡去釣魚、釣螃蟹，還去夜市打工炸雞排。有一次，班上同學好多人不想吃香蕉，小豪居然提了整袋的香蕉去夜市叫賣……隔天還很得意的跟我說，他一下子就賣完了，賺了多少錢呢。

我默默希望，以後的他能過得更好。

心理師想說：

因為小豪有ADHD的診斷，卻又不願穩定服藥，而造成更多行為問題及惡性循環。為什麼ADHD的孩子讓人抓狂？

在我工作的這幾年，我遇到許多ADHD診斷的孩子。他們在就醫及穩定服藥前，常常差點把父母和老師搞瘋。ADHD的行為特徵為注意力缺陷、過動及衝動，這些症狀已經影響孩子正常生活、人際及學習，持續六個月以上，且在跨情境中出現。

1. 注意力缺陷：容易分心、粗心大意、忘東忘西等。
2. 過動：坐不住、坐著時身體扭來扭去、話多等。
3. 衝動：常在問題未問完就搶著回答、經常打斷或干擾他人、很難進行輪流或等待。

ＡＤＨＤ可分為三種亞型：

1. 注意力不足型：占百分之二十至三十五。

2. 過動衝動型：占百分之十至十五。

3. 綜合型：占百分之五十至六十。

因為上述的狀況，ＡＤＨＤ的孩子很容易被誤會是故意的。大人覺得孩子很皮、漫不經心、愛唱反調等等，這也使得ＡＤＨＤ的孩子經常伴隨的問題有易怒、情緒穩定度差、學業低成就、低自尊、人際關係不佳、負面思考等。

台灣有百分之五至七的學齡兒童患有ＡＤＨＤ，其中，男童的罹病率是百分之九點二，女童的罹病率是百分之二點九，**但只有百分之二的兒童、青少年就醫尋求診斷。**

我深深覺得ＡＤＨＤ本身不是問題，但因為孩子過動、衝動的行為往往直接影響教師的班級經營，讓導師很難帶班，任課老師很難上課。因此，父母、師長很容易認為孩子「不乖、不受教」，或「為什麼別人都做得到，你卻做不到」。

有一些ＡＤＨＤ的孩子曾對我說：「我是被討厭的人、大家罵我神經病。」ＡＤＨＤ被汙名化而影響孩子的「自我認同」，他們覺得自己不好、是個沒有價值的人、不喜歡自己。

其實，ADHD**是生理上的疾病**，具有高遺傳性。造成ADHD的主要問題來自**腦部額葉的功能異常，額葉的功能主要是行為抑制、專心、計畫能力、問題解決能力。因此**，ADHD**就像車子的剎車失靈，導致他們無法控制自己的行為。**ADHD也不是父母的教養問題所造成，但父母不當的教養方式，的確會造成ADHD症狀的惡化。

父母否認孩子患有ADHD的背後

當告知家長時，很多家長拒絕帶孩子就醫。家長的第一個反應常常是驚訝及否認，覺得「我的孩子沒有問題，是導師針對我的孩子」。

我覺得**否認的背後，有很多時候是自責**：「我沒有教好孩子，我是不好的媽媽。」因此，我會花很多時間和家長溝通，讓家長知道這是生理上的疾病，不是爸媽的錯。**我也會告訴家長，孩子在學校不是只有問題行為，孩子還有哪些表現好的地方。**

因此，ADHD需要被正確診斷及穩定服藥，所以，**幫助家長釐清對於用藥的擔心**，也是很重要的一環，例如ADHD用藥常見的副作用，有食慾下降及失眠，但這都可以和醫生討論，以調藥或換藥的方式處理。而且十年長期的追蹤研究發現，ADHD藥物對身高及體重生長，並未造成明顯影響。

面對ADHD孩子，父母、老師可以怎麼做：

1. 穩定就醫及服藥：當孩子不願服藥時，**父母請同理孩子每天都需要吃藥的心情，也讓孩子知道吃藥不是懲罰**。孩子的剎車失靈不是孩子的錯，吃藥是在幫助孩子，更能控制自己的行為。
2. 服藥不是萬靈丹，孩子不是吃了藥，什麼問題都不見了：**父母不要特別強調孩子變好是因為吃藥，而是強化孩子「自我控制」的能力**，以及肯定孩子越來越能自我控制。
3. 除了藥物，還需要心理治療，例如認知行為治療，以及強化父母親職教養之能力：**「家長—醫師—教師」是重要的黃金三角**，學校的輔導室和特教老師也能提供多元的協助。若孩子通過特教鑑定，也能善加利用特教資源。
4. 移除座位及書桌的雜物，幫助孩子更能專心。

5. 當孩子能依約定完成作業或活動，家長和老師立即給予增強（如口頭鼓勵），或是透過「代幣制度」，幫助孩子養成好習慣，強化孩子再次出現好行為的動機及信心。

6. **孩子不會是無時無刻都有過動衝動的行為**，因此，**發現例外事件時**[1]**，請像滾雪球般將這些例外「放大」，讓孩子開始能相信自己、自我肯定，創造正向循環。**例如，孩子某天能專心寫完功課才去玩（例外事件），就值得被好好肯定（「放大」例外事件），接著和孩子討論他怎麼做到的，協助孩子找出能使自己更常專心寫完功課的方法（讓例外事件更常出現）。

7. **當孩子情緒失控時，不跟孩子爭辯或對孩子說道理**：因為孩子情緒失控時，不僅聽不進去，反而會更失控，且不肯認錯。這樣，也可能使父母被激怒，而更加生氣。這時候，建議可以讓孩子先到房間冷靜。若是在公共場合，可以找樓梯間等比較隱密的地方，讓孩子宣洩情緒之後，父母再與孩子談。

8. 為了確認孩子是否記得父母或老師說的話，**必要時，讓孩子重複你說的話**：不要問孩子「你記住了嗎？」「你知不知道？」因為這樣，孩子可能會直接回答「記住了。」「知道了。」

9. 把孩子要做的例行事務及待辦事項，清楚寫在孩子易看見的布告欄上，並請孩子完成後，自己打勾。幾次之後，可以訓練孩子自己寫在布告欄上。

10. 請孩子用便利貼、筆記本，隨手記下事情；這樣一來，孩子比較不會左耳進，右耳出，也可以養成孩子隨手記，忘記時就翻一翻的習慣，以幫助孩子記住事情。

11. 無論如何，請記得，**孩子沒有不好的行為，就是好行為**。

---

1. 這是心理治療學派——焦點解決短期治療（Solution-Focused Brief Therapy，簡稱SFBT）所提出來的。當你有個困擾時，請你試著找找看「有沒有曾經什麼時候問題都沒有發生，或是沒有那麼嚴重？」這樣的探索，讓你能開始發現問題並非無所不在，並能喚起你所擁有的資源和力量。接著，你可以問自己：「我要怎麼讓這個例外事件更常出現呢？」

邊緣型人格

——不斷測試關係、踩線的孩子，「你是不是也和別人一樣會拋棄我？」

小伍從來就不是個討人喜歡的孩子。他長得白白胖胖的，牙齒參差不齊，門牙還缺了一顆。小伍的媽媽做八大，爸爸因為毒品、傷害罪，反覆進出監獄。小伍的爸媽沒有結婚，媽媽在生下小伍兩天後就走了。

從小到大，照顧小伍的人是阿公和沒有結婚的姑姑。小伍是家中唯一的男孫，加上阿公覺得小伍從小就沒有爸媽，是個可憐的孩子，因此阿公非常寵愛小伍。阿公幫小伍買昂貴的鋼彈和飛機模型，買小伍想吃的炸雞和薯條。但阿公只要不順小伍的意，小伍就會大吼大叫，有一次甚至對阿公拳打腳踢。

也因此，姑姑很討厭小伍，只要小伍做錯事，就會對他破口大罵，例如「叫他去死一死算了」。姑姑覺得小伍以後一定跟小伍的爸是同一個德性，讓人無法忍受。

國小五年級時，小伍就中輟了。在升國中的輔導轉銜會議上，國小輔導老師花了整整四十分鐘，跟我說所有小伍做過的事。

導師壓力大到去看精神科

國中開學後，小伍只要一來學校，整個班級就會被小伍弄得雞飛狗跳。小伍常常和同學起衝突，他生氣起來，會咬同學的書包，在同學鉛筆盒上面吐口水。

有一次，小伍上課對老師大吼大叫，學務主任巡堂時經過，制止小伍，小伍卻大聲說：「你怎麼長得那麼醜。」

開學才一個月，導師就壓力大到去看精神科，拿了安眠藥。

進到諮商室，小伍喜歡跟我東拉西扯。有一陣子，小伍常常說：「老師，我覺得你很漂亮，可以做我的女朋友嗎？」小伍也不只問我，只要是年輕一點的女老師，小伍都有問過。

小伍也曾經說：「同學笑我，我就打回去啊！那是他們活該，誰叫他們要打我。」「老師，我以後要當壞人。你看，反正法官又不會判死刑，還可以免費吃牢飯。」「我半夜都在看我爸的A片，所以都沒睡覺。」

小伍一邊說，一邊瞇著眼看我，還露出讓人不舒服的笑容，我開始有被騷擾的感覺。

輔導老師疲於奔命

談到小伍的家庭，小伍大聲抱怨：「我爸出獄了，他居然把那個女人接到家裡住。我恨他女友，都是因為那個賤女人，我媽才離開的。有一天我要殺了她！」小伍給我看他手上，用美工刀割得又深又長的傷口。

小伍曾經離家出走，想去投靠媽媽，但媽媽做八大，沒辦法長期照顧小伍，小伍只好又回到原本的家。小伍看見媽媽和男朋友同住，覺得晴天霹靂。小伍再次感到他是被拋棄的人。因為爸爸有女朋友，媽媽也有男朋友，那他又算什麼呢？

剛開始，我很有耐心、循循善誘，努力去理解小伍因為混亂的家庭，而有許多偏差行為，小伍只是想要引起大家注意。

我也努力不去看小伍那些討人厭的行為，**努力放大每一件小伍做得好的事情**，例如小伍到學校會跟老師問好、某天有準時到校等。但是，我發現我好累，只要小伍到校，那天，我根本疲於奔命。

小伍有時會說他要逃跑，然後跟大家玩「你追我逃」的遊戲。當大家在輔導室上魔術課時，小伍慢慢的往校門口方向走，中輟替代役只好也跟著他走。小伍在校門口徘徊，但當你靠近一些，他就跑給你追，還會有一搭沒一搭的說一些鬼話，總要耗上半小時，小伍才肯回輔導室。

還有一次，小伍想跟一個新來的女老師打招呼，但那時女老師剛好沒有看見他。結果放學時，當女老師開車要出校門，小伍走過去用力拍打她的車窗，女老師嚇得隔天來輔導室抱怨。

我花了一個月的時間，幫小伍申請安置型學校，在家長和小伍都同意，且經社工評估許可之後，小伍卻只到新學校一天，就嚷嚷著要逃跑。

小伍試圖爬上圍牆，被發現後作勢用頭撞牆，還拿出美工刀，在校門口揮舞。當天晚上，學校緊急聯絡小伍爸爸，於是，小伍又回到了原校。

孩子用誇張的言語和行為，是在討愛

我知道小伍誇張的言語和行為，是在吸引大家的注意、在討愛，**因為小伍覺得自己不值得被愛。小伍不斷用討人厭的行為，測試大家是不是真的對他好。**但幾個月下來，大家的愛心和耐心都被小伍磨光了，大家都累了，覺得小伍就是個壞孩子，不想再對他好了。

小伍國小中輟的那兩年，他和學校護士阿姨的關係很好。小伍只要到學校，就會去找護士阿姨。某天，護士阿姨再也受不了他的行為，在嚴厲的糾正小伍以後，小伍就不再去學校了。之後，他和護士阿姨沒有再說過話。

小伍總是用同樣的模式，讓所有人受不了，而把他推開，然後小伍再次驗證了自己就是個不值得被愛的孩子。

輔導老師陷入自責

我知道小伍是個缺愛的孩子。我想繼續對小伍好，但我發現自己也想離他遠一點。不過，我沒有表現出來，我還是對小伍微笑、繼續聽小伍說那些五四三，但我覺得他一定感受到了。

我陷入自責，我知道自己被惹怒了，但我是輔導老師，怎麼可以這樣呢？我氣自己明明已經看見小伍的模式，而我是輔導老師，怎麼可以讓他再度感受到被拋棄呢？

我默默的期待這學期趕快結束，因為這學期結束，我就要去念研究所了。我既沉重卻又如釋重負的把他託付給新來的輔導老師米米，以及學生輔導諮商中心的社工。我寫了一封信，請米米幫我轉交給小伍。

手機上七十八個未讀訊息

再次得到小伍的消息，是在我的LINE上面。半年後的某一天研究所下課，我發現我的LINE跳出了七十八通未讀訊息，內容都是「嗨」。而第七十九通訊息是米米跟我解釋：「不好意思，他偷拿我的手機傳訊息給你。」然後，米米退出聊天室。

兩年後，我從研究所畢業回到了學校，小伍也國中畢業了。聽米米說，九年級的時候，小伍因為犯罪被送到矯正學校，但他最近好像逃跑了。

而我才回來一個月，就看到了小伍。

小伍變得又瘦又高，跟之前白白胖胖的樣子判若兩人，我差點認不出他來。小伍微笑著跟我說：「老師，好久不見。老師你變漂亮了！」小伍說話還是流裡流氣，但不再像之前那樣輕佻。

與孩子立下界限

小伍說阿公最近住院了，他等　下要去醫院，照顧阿公。他現在在燒烤店工作，店裡有個女生很漂亮，他想追，還給我看那個女生的照片。結果下次我再見到他，他說他打了其中一個店員，因此被fire了。小伍還說他有很多錢，有人跟他借七十萬要還他，他等一下還要轉個三十萬，借給別人周轉blablabla……

因為自我價值低落，小伍需要假裝自己很厲害，來得到別人的讚賞或肯定。

小伍常常打電話回學校找米米，或是一來輔導室就待一兩個小時不肯走。

小伍繼續做出「超越界限」的行為，例如我要去車上拿東西，他堅持陪我走過去。明明就是毛毛雨，還幫我撐傘，還說要幫我提東西才gentleman（只不過是球鞋和運動服，很輕）。我去學校的重訓室，小伍說他也要去。我說那是體育班學生還有教師用的。五分鐘後，我卻看見小伍在門口鬼鬼祟祟、東張西望，還對我露出一抹微笑……

某天早上七點，我在站導護的時候看到小伍。小伍就站在我旁邊，跟我聊了二十分鐘。他說他想要找米米，希望我帶他進輔導室。我拒絕了他，我說這是上班時間，下班時間老師比較有空。

我也告訴小伍，上次他跟去重訓室的行為，讓我覺得不舒服。小伍微笑著說，他知道，很抱歉。

我知道小伍的行為模式是容易過度理想化一段關係，因為他在關係裡充滿不安全感，而且自我價值低落。他會不斷測試這段關係（我想知道你是不是真的喜歡我、關心我），直到他人受不了而失去耐性，他又會感受到被拋棄而否定自我價值，認為自己就是個不值得被愛的人。**過度「理想化」和「全盤否定」這是兩個好大的極端。**

但跟之前不一樣的是，我**開始和小伍「設立界限」**。我不能等到我對小伍失去耐性才說，因為那樣對他可能會是很大的傷害，會讓他再度感受到被拋棄。當小伍需要時，我可以穩穩的在他身邊陪他說話，但如果他打擾到我的工作或是休息時間，我也會告訴他。

有界限的關係才能長久。

我暗自希望，這對小伍來說是小小的新經驗，但**最終能變成「矯正性情感經驗」。他能從我這裡感受到他本來就是個值得被接納、被喜歡、被肯定的人。他不需要用各種方法來測試我們的關係。**

心理師想說：

精神科醫師通常不會對青少年驟下人格違常的診斷，因為在成年之前，人格都還在發展中。因此，這篇想談的是小伍有邊緣型人格（Borderline Personality, BP）的傾向，但還不到邊緣型人格疾患（Borderline Personality Disorder，簡稱BPD）的程度。

人際關係上的惡性循環

邊緣型人格有哪些特徵呢？邊緣型人格的自我形象、人際關係、情感表現皆不穩定，有明顯的衝動行為。自我認同不佳，常感受到真實或想像中的被拋棄。人際關係不穩定，在「過度理想化」及「全盤否定」兩極端間轉換。可能有反覆自傷、自殺行為或以此威脅他人。情緒不穩定且易反應過度，長期感到空虛或有強烈的憤怒。

邊緣型人格是怎麼形成的呢？基因遺傳、家庭環境、創傷經驗（如疏忽、受虐、遭遇性侵、被霸凌等）、社會環境等因素的交互作用，都有可能造成。

小伍缺乏穩定的依附關係，他的媽媽離家出走，爸爸反覆進出監獄，都沒辦法好好照顧小伍，讓小伍覺得自己被拋棄。姑姑又時常用情緒化的字眼責罵小伍，造成小伍的自我價值低落。而阿公雖然給小伍滿滿的愛，但他愛小伍的方式是用物質、食物，來滿足小伍的需求。

因為缺愛，小伍低自尊且很依賴他人。在過去的生活經驗中，沒有人讓小伍感受到他是值得好好被愛的，因此小伍很矛盾，需要不斷自誇、展現自己的好，卻又時常感到空虛寂寞，因此不斷的想從關係中證明自己的價值。

小伍不斷的跨越正常社交界線，且用誇大、反覆無常的行為，測試他人是否真的愛自己。而當他人受不了，發出最後通牒時，他馬上能和他人決裂，把他人從「好人」變為「壞人」（全好與全壞的兩極）。因為小伍的自我價值低落，認為自己是壞的，而投射到他人身上，也認為別人都是壞的。於是，小伍再度感受到被拋棄，他再次驗證了自己就是個不值得被愛的人。

小伍像溺水時急欲抓取浮木一般，再靠近另一個他想靠近的人，重複上述的惡性循環。

幫助孩子人格健全發展，父母、老師可以怎麼做：

1. 和孩子建立「安全型依附」的關係：簡單來說，就是父母能不能讓孩子具備「安全感」

——孩子可以去冒險、盡情探索這個世界；但若孩子受了傷回來，父母也能給予孩子惜惜（台語）。**父母可以敏銳的覺察孩子的需求，且能適時的給予孩子需要的安慰和支持**，例如發覺孩子看起來心情低落，於是關心孩子怎麼了，而不是說：「男生哭什麼哭。」**父母不會看心情而對孩子時好時壞**，例如心情好的時候，對孩子很好，但只要一喝酒就會亂打人。

2. 做「民主威信型」的父母——合宜、有彈性的教養方式：柏克萊大學心理學家黛安娜·鮑姆林德（Diana Baumrind）將教養風格依據父母對孩子的「情感回應」及「行為要求」，區分為四種不同的教養類型，分別是：民主威信、放任溺愛、專斷獨裁、淡漠忽視等四類（如下圖）。

①**民主威信型**的父母高情感回應、高行為要求：

	高情感回應（high responsiveness）	低情感回應（low responsiveness）
高行為要求（high demandingness）	民主威信（authoritative）	專斷獨裁（authoritarian）
低行為要求（low demandingness）	放任溺愛（indulgent）	淡漠忽視（neglectful）

資料來源：出自Baumrind（一九九六）；Maccoby & Martin（一九八三）。

即溫和而堅定的態度，要求合理、有彈性，且標準清楚一致。高情感回應是**給予孩子高關懷、高支持，且溫暖回應孩子的需求**；高行為要求是**堅定的表達需要孩子遵守的規定及原因**，例如當孩子吵鬧，不願意坐汽車安全座椅時，對孩子說明，坐汽座是為了保護他的安全，而就算孩子再吵鬧，也不會解開安全帶，不然就是下車，不能一起出門。

②**放任溺愛型**的父母高情感回應、低行為要求：

對孩子較為寬容、規定少、包容性高，允許孩子自由表現出情緒及衝動行為。這樣的孩子較為自我中心，較易衝動，人際關係不佳。

③**專斷獨裁型**的父母低情感回應、高行為要求：

和放任溺愛型剛好相反，要求孩子絕對服從，甚至動用體罰，對規則缺乏解釋，希望孩子乖乖聽話。這樣的孩子可能表面不敢反抗，但內心不滿，卻不敢表達出來，導致孩子易被激怒、較為情緒化。

④**淡漠忽視型**的父母低情感回應、低行為要求：

父母可能因為經濟或其他因素與孩子關係十分疏離、放牛吃草，對孩子沒有什麼要求，也很少回應孩子的需求。這樣的孩子較為我行我素，也較難適應學校規定及反抗權威。

多數研究結論指出，「民主威信型」為最適合孩子的教養風格。孩子的心理健康、行為適應、學業成績等整體發展結果最好。

輯五

糾葛的生命困境

當孩子憂鬱
——父母別說：「不要想太多……」「哭有什麼用！」「你已經夠好命了！」

小三的我，開始想要自殺

「我從小就不是個快樂的孩子，當同年紀的孩子玩泥巴、捉迷藏、看電視、吃麥當勞就能很開心的時候，我發現沒有什麼事情能讓我感到快樂。小三的我就在想，**人到底為什麼要活著？**當我把這個煩惱告訴我媽時，她叫我不要胡思亂想，趕快去睡覺。

「小三的我，開始想要自殺，這是為什麼呢？除了不知道人為什麼要活著以外，好像是因為沒有人懂我的心事吧！

「我那時候喜歡一個男生，回家後，我很興奮的跟我媽說：『他今天有看我耶。』我媽居然說：『那是因為你一直在看他。』我也會跟我媽說很多我的小煩惱，例如同學突然不理我怎麼辦；老師太兇，所以我不敢去找老師；隔壁班男生很帥之類的，但我媽給我的回應，都像是吐槽或是嘲笑，讓我覺得很受傷。當我重複述說太多次時，**她就會叫我『不要想太多』**。

「我可能本來就是個敏感的小孩，再加上我媽實在是太兇了。長大後的我，可以理解那時候她的原生家裡有很多狀況，需要我媽這個長女照顧，讓她身心俱疲，根本無暇顧及我的身心狀態。但就這麼剛好，一個習慣隔離情緒、豁達、做事俐落的媽媽，卻有個心思細膩敏銳、多愁善感、容易緊張焦慮自責又完美主義的女兒。

「我從小三開始的某一天，就不再和我媽說心事了。因為我知道她不會懂的，但她沒有發現。我常常在睡覺的時候一邊想心事，一邊偷偷的哭。哭到眼睛下方長了一顆痣，她還是沒有發現。」

我的心事，媽媽不會懂

「我沒有真的去自殺，但我一直都不快樂是真的。我也知道她不是個不好的媽媽，她在生活上把我們照顧得很好，每天下班都煮飯給我們吃。幾乎包辦所有家事，把家裡打理得很好。假日會幫我們安排活動，身體上有什麼異狀或不舒服，她馬上帶我們去看醫生；但我的心事，她是不會懂的，我只能找朋友說。

「國中時，我遇到了學習上重大的挫折及人際困擾，也是自己苦撐過來的。大學我念了心輔系，經過了好幾年的諮商及自我探索，以及家人朋友的陪伴，現在的我，終於重新找到了快樂和活著的意義。

「我不會怪我媽，因為我懂她那時候生活中真的有太多壓力了。她要照顧有精神疾病的長輩、入獄的親人，以及工作不順的丈夫。**她只能用隔離情緒的方式來度過生活中的每一個挑戰**。她有太多要忙的事了，沒有空理解我的小煩惱。

「**其實，我很心疼媽媽。我希望她以後的生活可以好一點，可以脆弱、可以不用假裝堅強，可以為自己而活，而不是一天到晚在照顧別人**。我也希望我能照顧她多一些。」

——一位具自殺意念、曾被診斷為憂鬱症，但已經康復的個案的自白

※　※　※

諮商室中，S漲紅著臉，不斷哽咽著。她是位四十多歲的婦女，上週在家企圖上吊自殺未

遂，還好及時被發現救回。

「你覺得爸爸媽媽都重男輕女，不重視你，甚至連你生了孩子，因為一場誤會還把你趕出家門，讓你覺得很委屈、很難過……」

S點點頭，用力吸著鼻子，熱淚盈眶，卻努力忍著不讓淚水流下來。連續三週的晤談，我發現S在諮商室中，不曾讓淚水掉下來。

我不能哭，哭又不能解決問題……

我忍不住問她：「看你很難過的樣子，但我發現這幾次談下來，你都不會掉眼淚……」

「我不能哭，我已經帶給家人夠多的困擾了。哭讓我覺得我很沒有用。哭又不能解決問題……」

「誰跟你說哭沒有用呢？」

「小時候，我有一次被同學欺負，哭著回家。我媽沒有安慰我，也沒有要幫我找同學算帳。她只跟我說：『你就只會哭，沒路用的傢伙。』之後，我遇到什麼再難過的事，也都不哭了。」

我得了憂鬱症之後，爸爸對我冷嘲熱諷。媽媽可能心裡不是那樣想，但是她說的話，總讓我覺得心裡刺刺的。她跟我說：『你去看看街上，比你苦的人多的是。你為什麼不能堅強一點呢？』」

「所以，**媽媽說這些話讓你好自責。每當你難過的時候，你還花了更多力氣在責備自己，責備自己怎麼可以這麼軟弱……**」

心理師想說：

你也聽過類似的話嗎？心情不好的時候，找家人、朋友傾訴，但卻聽到這些回應：「不要想太多」、「別胡思亂想」、「你已經夠好命了！你去看看比你苦的人多的是」、「哭有什麼用」、「你要堅強一點」等等的話，讓你開始學會不再掉眼淚，學會不再說自己心裡的話，也因為聽了這些話，你開始感到自責，責備自己的懦弱和不夠勇敢。

那時候已經在受苦的自己，又花了更多的力氣罵自己，而感到更難受。**久而久之，你開始學會假裝沒事，但心裡卻積累著更多的情緒，沒有出口。**

可能聽我們傾訴的人很害怕，不知道如何承接我們的情緒，他們也可能害怕不知道要回應我們什麼，或是急著想幫我們解決問題或安慰我們，所以就說了「過去就算了」、「不要想太多」這些句點的話。因為通常說了這些，傾訴者就不會再說下去了。

當你聽到「不要想太多」、「哭有什麼用」，如何幫助自己？

1. **練習停止自責**：當別人都在怪你的時候，幫自己一個忙——不要連你自己也開始怪自己。

當你發現你在責備自己的負面情緒時，請跟自己說：「我現在好難過，這是正常的，沒有關係。」給自己多一些時間，允許自己停留在難過中，不要急著走出來強顏歡笑。情緒的生成是自然而然、不是我們能控制的。負面情緒是正常的，不代表軟弱。

或許你會說，別人好像都不會那麼難過，或是難過那麼久。但每個人都是獨立的個體，生理機制、早期經驗、所遭遇的事件都不相同，需要調適的時間，也本來就不同。

2. **接納自己的情緒，和情緒和平相處**：每一個情緒都是中立的，都有它存在的意義，但我們往往喜歡正面的情緒，排斥負向情緒。我們的文化教導我們「男孩子不要哭，哭是軟弱的」，或是對一個悲觀的人說：「你要樂觀啊、堅強一點，明天太陽還是會出來。」因為這樣，我的個案S對於哭泣有很強烈的罪惡感。

當負面情緒出現時，我們急著趕快逃跑、假裝沒事。我們不允許自己展現負面情緒，但卻因此累積了更多的壓力。

3. **宣洩情緒**：找個好的傾聽者，完整的傾訴、盡情的哭。心理治療中，完形治療提到「未竟事物」這個概念以及對人的影響。

當影像從背景中浮現，但並沒有被解決時，便會在個人心中留存「未竟事物」，而造成不可預期的情緒經驗，例如怨恨、憤怒、痛苦、焦慮、哀傷、罪惡感等等。由於情緒未被充分的覺察，只能徘徊在背景中，所以會以許多方式在此時的生活中浮現，因而干擾與他人的接觸。

當一個人有機會完整的傾訴、盡情的哭，這就是療癒的開始。因為你跟你的情緒在一起了。

找一個願意聽自己好好說話、不批判、不急著安慰和給建議的人。好好的感受每個情緒的力量，開始練習活在當下，學習接納每一個情緒，不再責備自己的軟弱或哭泣。因為，只有在好好的軟弱和哭泣之後，你才真的學會勇敢和堅強。

如果你身邊沒有這樣的朋友，拿一張紙寫下來、和布娃娃聊聊，或尋求心理師的協助，也是很好的選擇。

當孩子憂鬱時，父母、老師可以怎麼做：

我和青少年工作的這幾年當中，遇過一些自我要求高、容易憂鬱自責的孩子。在陪伴這些孩子的過程中，有時候的確很累，因為孩子可能每次來都滔滔不絕的訴說類似的困擾，而當他陷入負向思考和自責時，旁人是很難在短時間把他拉起來的。我們能做的就是尊重孩子的苦惱，傾聽、陪伴孩子。那麼，父母在陪伴的過程中，可以做些什麼呢？

1. **練習把成敗和自我價值分開**：很多人遭遇挫折時，會因為一件事就全盤否定自己，罵自己「我怎麼這麼糟」、「我真是爛透了」，但實際上，你只是這件事情沒做好，不代表你就是個不好的人。請把這句話改成「我只是這件事情做不好，還有很多事情是我做得好的，像是……」，練習同時看到「不好的」和「好的」自己。

有些父母會用「情緒化」、「和他人比較」的言語罵孩子，例如「你怎麼笨得像豬一樣，一點小事都做不好」、「你怎麼不能跟你哥一樣，考試考好一點」。這些話語可能會變成孩子的「內在語言」。

我遇過一些憂鬱症患者，他們腦海中的負向言語很多是從小耳濡目染的。當他們遭遇挫折或事情沒有做好時，這些罵自己的話就會自動的浮現出來，形成負向思考。

因此，當孩子做不好時，父母若能就事論事，而不是全盤否定孩子，將會更有助於孩子的心理健康。

2. **練習自我肯定**：看見自己任何小小的做得好的事情，例如「我昨天忍住，沒有對孩子生氣」、「沒有多看一集連續劇，有早一點睡」。

我還記得自己大學三年級第一次諮商時，心理師請我把每天做得好的事情記錄下來，但下週晤談的時候，我告訴心理師：「我找不到任何一件做得好的事情，因為這些事情本來就是我『應該』要做到的。」請記住，不要把任何你做得好的事情，視為理所當然。任何小小的好的事情，都值得你為自己喝采。

當父母能自我肯定時，也會較能肯定孩子做得好的事情（而不是只看到孩子做不好的事情）。長久下來，孩子自然也較能自我肯定。

3. **尋找「例外事件」**：這是心理治療學派——焦點解決短期治療（Solution-Focused Brief

Therapy，簡稱SFBT）所提出來的。當你有個困擾時，請你試著找找看「有沒有曾經什麼時候問題沒有發生，或是沒有那麼嚴重？」這樣的探索，讓你能開始發現問題並非無所不在，並能喚起你所擁有的資源和力量。接著，你可以問自己：「我要怎麼讓這個例外事件更常出現呢？」

我的個案小琪跟我抱怨婆婆常常在背後說她哪裡沒做好，讓努力把每件事情都做好的她覺得很委屈。小琪每次回婆家壓力都很大，因此和先生常吵架，她覺得先生沒有站在自己這邊。

我與小琪討論後，我們發現某次她打電話給婆婆，關心婆婆的背痛。而那幾天，她婆婆就沒有說她的不是（找到例外事件）。後來，我們想出一個方法，也就是小琪大概兩三天就會打電話給婆婆，噓寒問暖，也讓孫子和奶奶視訊（讓例外事件更常出現），婆婆因此感受到自己備受重視。之後，雖然有時候小琪的婆婆還是會叨念小琪一兩句，但比之前好多了。

因此，小琪和婆婆的關係變得比之前好了，小琪也不會因此跟先生吵架了。

所以，當孩子遇到困擾時，父母也可以幫孩子尋找例外事件，例如孩子功課常寫不完，那麼，找找看有沒有哪天功課如期完成（例外事件），討論那天是怎麼做到的，然後一起討論找出讓功課如期完成更常出現的方法。

當我們開始談論「改變」，而非「問題」，我們就能創造出更多的改變。

4. **允許自己的負向情緒及負向思考**：每個人都有心情不好的時候，這是正常的。人的情緒本來就有高低起伏，會隨著不同的情境時空而變化。沒有人一直都是開心的。當你發現自己又陷入負向思考時，請練習停止自責。因為你越自責，就越陷入負向思考的漩渦。你只需要幫助自己，覺察到自己現在正在負向思考，並幫助自己跳脫負向思考的循環。

怎麼跳脫呢？有一段時間，我不斷的負向思考，那就像是個漩渦。一旦我開始罵自己，就會有更多負向思考排山倒海而來，使我深陷其中，無法自拔。

我開始練習每天把自己做得好的一件小事情記錄下來。當我發覺自己開始罵自己時，便看看那個「優點筆記本」，試著在還沒有深陷其中時，把自己拉出來。另外，也可以使用自我肯定的語句，例如告訴自己或身旁信任的人：「我做了XXX，我很棒吧！」

父母如何陪伴容易自責的孩子？

1. **父母責備孩子憂鬱，可能讓孩子更自責**：父母可以試著理解孩子的想法，不批判。例如原本父母想對孩子說：「你怎麼又心情不好了？」「我這麼辛苦養你長大，結果你在那邊胡思亂想，想不開。你又不用養家活口，你有比我累嗎？」調整成：「你今天好像心情不太好，有發生什麼事情嗎？」

2. **尊重孩子的速度**：當孩子陷入負向思考的迴圈，讓父母很心急時，給孩子一點時間，不要一直想辦法駁斥孩子的負向思考，這樣會讓父母很累、很生氣，也可能讓孩子感到很自責。這時候父母可以放空，聽孩子說話就好。

3. **當孩子從負向情緒漩渦走出來的時候，和孩子討論他怎麼把負向思考的開關給關起來的**：父母可以問孩子：「你怎麼好起來的？」「你做了什麼幫助自己？」這會是個很重要的歷程。

當孩子偷竊
──「我只是想要你們關心我……」

小苓不是那種惹人疼愛的孩子，她說話很尖銳、沒大沒小，在學校也常常和同學打來打去、講話很衝。同學如果惹到她，小苓就去跟導師打小報告，因此人際關係也不好。最難處理的，是小苓會偷錢，有時候偷個三五百元，也曾偷過同學的手錶、手環。如果沒有證據，小苓絕不會承認。因此，小苓放學回家後，姑姑和表姊不得不把錢包鎖在櫃子裡。

媽媽為什麼要丟下我？

小苓的爸爸因為傷害罪被關，媽媽在小苓出生沒多久就離家出走，只帶走小苓的兩個姊姊，把小苓留在奶奶家，再也沒回來。奶奶在小苓三歲時就過世了，小苓由姑姑撫養長大。表姊還在念大學，也跟著姑姑一起照顧小苓。

姑姑是清潔工，工作很辛苦，還要面對常常惹事的小苓，三不五時接到導師的電話，因此姑姑很常對小苓碎碎唸。

姑姑有一次在氣憤之下，忍不住跟小苓說：「你媽在你剛出生的時候，丟下你就走了，還帶走你的兩個姊姊，說要和你斷絕關係。」還說：「你以後長大不要跟你爸一樣，只會給家裡惹麻煩。」

可能因為這樣，小苓一直覺得自己就是個被拋棄的孩子，**她很想知道，是不是因為姊姊比較乖、比較可愛，所以媽媽帶走她們，卻丟下自己……**

姑姑其實是刀子嘴豆腐心，雖然說話很傷人，但不管小苓惹出多大的麻煩，她還是用心照顧著小苓。

偷了錢，小苓通常都是打死也不承認。小苓低著頭，玩諮商室的娃娃，或是說她都忘記了。這一次是班上掉了一千元。在諮商室中，小苓沉默了二十分鐘。

把面具掀開，不再武裝自己

在晤談中，我很喜歡用Dixit妙語說書人這套桌遊，我把它當成投射性牌卡來使用[1]。我請小苓選出她現在的感受，原本我只要小苓選一兩張，結果她很快的選了六張（如下圖）。

第一張，小苓說，我又偷了錢，變成那個不好的自己。第二張，我對姑姑和表姊很抱歉。第三張和第四張，在家裡，我常常覺得很孤單。在學校，我也很孤單，同學在背後說我壞話。第五張和第六張，我很想念爸爸，但姑姑說「他不配當你爸爸」。我已經一年多沒有看到他了，也不能寫信給他，不然姑姑知道會生氣。我只能偷偷想他。

話很簡短，但卻**完整的說出了小苓心裡深處說不出口的話**。

「其實你對於又偷了錢，感到很愧疚和自責，你很怕姑姑和表姊不愛你了，是嗎？」

小苓的淚水滴落在娃娃的絨毛巾。她輕輕的點點頭。

做錯事被發現的小苓，常常倔著一張臉。在我面前，她就算遇到不開心的事，也總是微笑著。這是第一次，她終於願意把面具掀開一點，不再武裝自己。我也知道，**要承認自己的脆弱、揭開傷疤有多不容易……**

擺出臭臉，是因不想承認自己的脆弱

我也請姑姑和表姊來學校一趟。姑姑一邊皺著眉頭，一邊嘆氣，叨唸著這個孩子怎麼這麼難教；表姊半工半讀唸大學，成熟穩重得不像才二十歲的年紀。表姊有條有理的說著小苓的狀況，因為心疼姑姑的辛苦而掉淚。

「我是心疼我媽才幫忙照顧她的。真的很捨不得我媽六十幾歲的人，還要照顧她。從國小就一直偷，實在是不知道要怎麼教……」

我試著讓姑姑和表姊看到，小苓偷竊背後反映的是爸爸入獄、被媽媽拋棄而沒有被滿足的愛。我也讓姑姑和表姊知道小苓倔強的面具背後，其實有收到她們的愛。

小苓拿著偷來的一部分錢買粉彩紙，然後在便利商店印一張十元的合照做成卡片，想在姑姑生日時送給姑姑。那個時常擺出來的臭臉，只是不想承認自己的脆弱。

姑姑嘆了一口氣：「偷來的錢給我做卡片，我可承受不起。」

「老師可以抱一下你嗎？」

最後，我請小苓也進來諮商室。我發現姑姑和表姊一來，整個諮商室氣氛都變了。小苓偷偷把淚水擦掉，又變回那個倔強、看似滿不在乎的樣子。**我知道那是防衛——做錯事，怕被責備的防衛。**

「老師可以抱一下你嗎？」小苓沒有說話。我抱了一下全身僵硬的小苓，想讓她放鬆一些。

「你有很多事情都做得很棒，像是當小老師，還有輔導室的工讀生，還有主動幫姑姑做家事，這些我們也都有看到。**我們要改掉的是偷竊的這個行為，而不是你這個人不好。我相信你做得到，我們一起努力，好嗎？**」

小苓還是繃著一張臉，但微微點了點頭。

我看到窗外原本烏雲密布，但太陽居然探出頭了。

心理師想說：

某一次承認偷竊時，小苓說，有些錢，她的確是拿來買零食、飲料，因為同學都在吃，她也很想吃；但有一部分的錢，她拿去買粉彩紙，然後在便利商店印一張十元的合照，做成卡片。她想在姑姑生日時送給姑姑。

其實，**小苓是「矛盾型依附」的孩子**（請見〈以身體換取「被愛」感覺〉一文），**內心很渴望和姑姑靠近，希望得到姑姑更多的愛，但又時常給姑姑擺臭臉、頂撞姑姑。**

因為覺得自己是被媽媽拋棄的孩子，小苓心中充滿矛盾與恨意。小苓的導師覺得小苓很不懂得惜福，雖然爸爸入獄、媽媽離家出走、奶奶過世，但是小苓還有疼她的姑姑和表姊，還有很多孩子的家庭狀況更糟糕，為什麼小苓還是一直覺得自己被拋棄呢？

發展心理學家瑪麗・愛因斯沃斯（Mary Ainsworth）提出「照顧者假說」，認為照顧者的特質、教養方式會影響依附關係的品質。教養方式應以嬰兒的需求為主，而不是照顧者的需求為主，就像文中姑姑刀子嘴豆腐心，生氣之下就會口不擇言，可能是導致小苓較為情緒化、缺乏安全感的原因；但傑羅姆・凱根（Jerome Kagan）提出「氣質假說」，認為依附關係主要是反映了嬰兒本身的氣質。小苓可能是個磨娘精型的孩子，說話很衝又愛頂嘴，容易讓照顧者失去耐心或信心，因此更無法給予小苓溫暖、正向的回應。

雖然這兩個論點，一個認為照顧者是關鍵，一個認為嬰兒本身的氣質是關鍵，但心理學上提到「交互作用」，亦即照顧者和嬰兒兩者是互相影響的。

偷竊的物品不同，處理的方式也不同

首先，**我們要先了解偷竊背後的心理動機，即偷竊滿足了什麼心理需求**，從馬斯洛（Maslow）需求

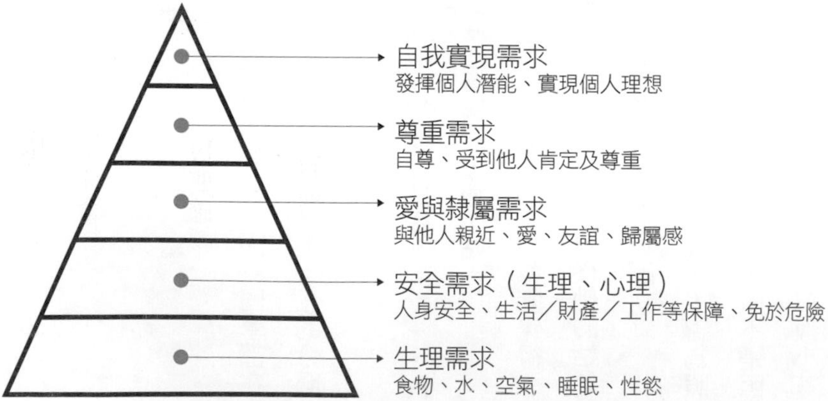

層次理論（Need-hierarchy theory）來看，由低到高，分別為生理需求、安全需求、愛與隸屬需求、尊重需求、自我實現需求，當我們滿足了下層基本的需求，才會往上滿足更高層次的需求。（見二七四頁圖）

1. 如果孩子偷的是食物，那是「生理需求」沒有得到滿足，所以要確認家庭中照顧孩子的情況，是否有經濟上的困難，而沒有讓孩子吃飽。
2. 若孩子偷東西是被他人威脅要給保護費，那就是「安全需求」的議題，**偷竊的輔導和外在系統都需要處理。**
3. 如果是「愛與隸屬需求」沒有得到滿足，孩子偷竊可能是為了引發關注、得到關心，就像小苓某次偷錢，是想要做卡片送給姑姑，真的是讓人又氣又心疼；覺得被忽略的孩子可能用偷竊等偏差行為，讓父母注意到自己；或是透過偷竊來的東西滿足自己內在未被滿足的需求。

如果是缺愛的孩子，那背後的心理議題和家庭系統都要同時處理，因為孩子偷竊的行為，是渴望從大人身上得到愛。

將「偷竊」這個行為及個人分開，不讓偷竊影響到孩子的自我價值

我跟小苓說：「我們要改掉的是偷竊的這個行為，而不是你這個人不好。我相信你做得到，我們一起努力，好嗎？」這些話，是將「偷竊」這個行為及個人分開，不讓偷竊影響到孩子的自我價值，而且讓孩子知道，老師相信你做得到。

我也會和家人討論若小苓又偷竊時可以怎麼做，例如姑姑和表姊平時把錢包鎖起來，以減少誘惑源，以及讓小苓以勞力，如做家事償還所偷竊的錢。

同時，我也讓姑姑和表姊看到小苓偷竊頻率的下降——這次偷竊前，已經半年沒有偷竊了。但我同時也給姑姑和表姊打預防針，偷竊可能還有下一次，讓家人不要因為一次又一次的失望，有一天真的放棄小苓。

發現孩子偷竊，父母可以怎麼做：

1. 把家裡的錢收好：以減少誘惑源。
2. 給孩子固定的零用錢：和孩子討論後，給孩子適當的零用錢，適度滿足孩子物質上的需

求，且**不因為偷竊而不給孩子零用錢**。

3.培養孩子學會「**延宕滿足**」：**孩子希望能買貴重物品的時候，可以透過存錢來達成**。

4.不過度責備：告訴孩子偷竊是不對的行為，但不過度責備。

5.理解孩子偷竊行為背後的動機。

6.**不要給孩子貼上標籤**：不把「小偷」這個標籤貼在孩子身上，告訴孩子「你有很多事情，像是……都做得很好，我們一起努力改掉偷竊的習慣」。

7.**為偷竊付出責任**：用勞力，如做家事或打工來償還所偷的錢。

8.建立物權的觀念：尊重每個人的物權，別人「同意」才能拿，別人「不用的」東西要經過對方同意才能拿。金錢是父母辛苦工作所賺來的。

1.「投射」從心理學來說，是指個人將自己的態度、思想、情緒、願望等，不自覺的反映於外在人事物的心理作用。因此，我會運用像Dixit妙語說書人這樣模糊、有些抽象、有些看起來非現實的圖片，讓個人內在的想法、感受、需求、矛盾衝突、防禦等不自覺的吐露出來。投射性牌卡有趣的地方就是每個人看到同一張卡片，想到的東西可能大相逕庭。

自殺
——孩子自殺不是想結束生命，而是想結束痛苦

一灘血，與散落一地的牙齒

高中時，我讀的是南部第一志願男校的音樂班。

那是青澀沉悶的高中生活的某一天。一下課，就聽到同學竊竊私語：「趕快去中庭那邊看看。」我也好奇的跟著跑下樓梯，然後，我看到了這輩子怎樣也無法抹去的畫面。

那是一灘血，還有散落一地的牙齒。

好多人圍觀，我聽到此起彼落驚恐的聲音，但也夾雜著不知是誰的嘻笑：「好可怕喔，地上有牙齒，我來算算看有幾顆？」

嗶嗶嗶嗶，教官用力吹哨，大聲吼著：「全部同學，現在都離開！」圍觀的學生們一哄

而散。

那是第一次，我發現原來死亡就近在眼前。那天，淚水一直在我的眼眶裡打轉，我覺得喉嚨好緊好緊。我想不透，**是什麼痛苦，讓他能毫不猶豫的往下跳？**

抹不去的血痕

「救護車來的時候，我剛好有看到，他的臉整片……血肉模糊……」國文老師看起來比我們更驚魂未定。

我不認識他，而國文老師哽咽的說，好像是因為課業壓力的關係。他對自己要求很高，但一直無法考到理想的成績，過去一年，一直持續在輔導室晤談。他們班這節是體育課，上課才剛打鐘，同學還來不及發現他沒有到操場集合的時候，他已經獨自走到頂樓一躍而下。在旁邊打球的老師，聽到「砰」好大一聲，急忙打一一九協助送醫，但是他已經當場死亡。

那是好嚴肅的一堂生命教育課，我第一次體會到生命是那樣的渺小與脆弱。事情發生之後，頂樓被鎖起來了。那是我心情不好，想透透氣時會走上去的地方。地上的血痕不知怎的，竟也抹不去。聽說刷洗過了，但地磚看起來還是有一塊深紅色，像是想要證明什麼似的；但一條生命就這樣消逝了。

心理師想說：

衛生福利部公布的「二〇一九年國人死因」數據中，十大死因排行與二〇一八年相同，癌症仍蟬聯十大死因之首。**自殺並未在十大死因排名中，但卻是青少年及成年初期（十五至二十四歲）死亡原因的第二名。**

二〇一九與二〇一八年，每十萬人口自殺死亡率皆為十六點四，意即每十萬人口，有十六點四人自殺身亡。近年來，自殺死亡率自一九九六年後明顯趨緩，但**青少年（十五至十九歲）自殺死亡率，卻連續六年攀升。**二〇一七年，每十萬人口自殺死亡率為四點一，二〇一八年為四點四，二〇一九年更創新高至六點二。顯示青少年的心理健康，需要社會更多的關心。

自殺的原因，往往很複雜

常常有人問我，到底是什麼原因讓他們想自殺？其實自殺的原因很複雜，也可能出現在任何一個年齡層。可能是個人、家庭、社會等多方面交互作用而致，包括個性較為敏感或完美主義、經濟壓力、生活壓力、遭遇重大創傷（如重要他人過世、離婚、失業）、精神疾病、身體疾病、藥物酒精濫用、家庭議題、工作議題、感情議題、人際衝突等錯綜複雜的原因。**自殺者往往不是真的想結束生命，而是想結束痛苦。**

而青少年處於兒童和大人之間的過渡期，這個階段，身體因荷爾蒙分泌產生巨大變化，是個身心快速變化的時期。

青春期的發展任務為「自我認同」，會想自殺的孩子，很多都有無法自我認同、低自尊、不知未來何去何從等狀況，而導致憂鬱、焦慮、緊張、嫉妒、自卑等情緒。青春期的孩子比起其他階段，更在意同儕對自己的評價，除此之外，課業壓力、親子關係、感情因素等，也是青少年常見的困擾。

從腦部發展的角度來看，杏仁核是腦部的情緒中樞，反應快、原始且非理性。額葉是腦內的思考、策劃與決策中心，以及負責衝動控制。**當杏仁核在青春期發展成熟，額葉的發展卻要到二十至二十五歲之後才會成熟、完整。**因此，我們可以看到青少年的情緒很難控制是有原因的。

因為杏仁核總是在大腦皮質思考過程之前，就已輕率先啟動了腦部其他部分的運作，導致青少年在沒有深思熟慮的情況下衝動行事、追求刺激、勇於冒險（如飆車），且容易累積負向情緒。而不穩定的情緒，也可能造成自殺風險的提升。

自殺評估

若孩子跟我談到想自殺，我一定會先做自殺評估。

1. 首先，**會評估自殺意念的分數（一分到十分）**。分數越高，則自殺的風險越高。我會詢問孩子目前自殺意念是幾分，如果到幾分就會真的想去自殺。討論目前的自殺意念如何降低一分，例如和好朋友聊天、聽音樂、運動等，最後請孩子寫出三個他可以信任、可以求救的人，以及他們的聯絡方式。若孩子只有自殺意念而沒有自殺計畫，那麼，自殺的風險較低。

2. **評估孩子有無自殺計畫**，指孩子預計用什麼方式自殺來評估自殺風險。若是割腕、吃安眠藥，那麼，致死的危險性較低；若孩子說要跳樓、上吊，那自殺的風險是較高的，因為一旦這麼做，很難救回來。

同時，也要評估孩子自殺計畫的周密性及可行性——有沒有具體的時間和地點？如何取得自殺的工具？評估孩子的自殺計畫，只是嘴上說說，自殺計畫實際上是不可行的（例如孩子說要注射毒品自殺，但並不知道從何取得毒品）；還是已經有了具體且周全的計畫（例如已經決定在生日那天自殺，且已取得自殺器具，也寫好遺書了），那麼，這樣自殺的風險較高。

3. 最後，**要確認孩子是否曾有自殺行動**。若之前曾嘗試自殺、自殺未遂，那麼，再次自殺的風險就提高了。若你身邊有想要自殺的人，可以轉介至各縣市自殺防治中心。

我也會和孩子討論是什麼讓他們想自殺，但沒有真的去做，很多孩子跟我說「放不下家人、怕爸媽傷心」等，由此可見，**父母的關心和陪伴對孩子來說，是預防自殺十分重要的關鍵。**

父母、老師可以怎麼做：

1. 在開始諮商之前，我會告訴孩子「諮商基本上是保密的，但有三個狀況發生時，為了保護你，需要讓家長及導師知道。這三個狀況是傷害自己、傷害他人和違反法律」。因此，自殺是保密的例外。當發現孩子有自殺意念時，我會和父母、導師聯繫，讓父母了解孩子目前的狀況。

很多想自殺的孩子和父母關係不佳，因此，在告訴父母之前，我會和孩子討論「有沒有什麼可以讓爸媽知道或是幫忙的地方」，澄清他們的擔心和期待（像是害怕被父母罵），讓孩子先有心理準備。

和父母會談時，我會先同理父母的擔心，讓父母知道孩子想自殺的原因，以及**孩子可能表面叛逆、頂嘴，或不願意和父母說心裡話，但心裡其實還是很在乎父母**。

2. **自殺是求救的訊號：一個人說要自殺，通常不是隨便說的，因此不要跟孩子說「不要想太多」**。自殺意念很可能是孩子向大人求救的訊號。

孩子若有自殺意念，不太可能馬上就消失不見。有些父母會很焦慮及擔心，我也曾遇過父母責備孩子：「有吃有穿，還不懂得珍惜現在的幸福，整天想自殺，很自私。」這可能反而會讓孩子感到自責，而自殺意念也不可能因此消失。

因此，**建議父母不要因孩子想自殺而責備孩子**。父母可能很難理解孩子這麼幸福，為何還想要自殺，但請試著用他的角度來理解他的痛苦，讓孩子感受到有人願意耐心傾聽。他不是獨自面對。

3. 讓孩子感受到父母對他的愛：我覺得**想自殺的孩子的「支持系統」非常重要**。若能增進親子關係，讓孩子感受到自己是被愛、被肯定、被支持，孩子將更能走出來。

4. 若自殺意念嚴重，建議父母帶至精神科就醫。請醫生評估是否需要服藥（如診斷出有憂鬱症），以及把致命的工具（如刀子、繩子）收起來，不單獨讓孩子在家，隨時留意孩子狀況。

5. 很多青春期孩子的困擾是父母和自己的意見不同，孩子希望父母可以管鬆一點（例如希望可以出去玩，或是不要去補習），但父母也有其擔心及考量而有所堅持，導致產生親子衝突。

若是這樣的狀況，**我會邀請父母和孩子一起做「家族會談」**。藉由當面會談，理解彼此的擔心和期待，把刺耳的話消毒，提煉出善意，讓另一方理解自己說不出口的需要為何，以及讓冰封之下的愛再次出土，同時也能接收到對方的愛和在乎。

若父母覺得需要，也可以尋求會做家族治療的心理師的協助。

6. 美國學者卡拉法特（Kalafat）在一九九〇年曾提出「FACT自殺警告信號量表」（如下頁圖），父母可以多留意孩子的言行舉止和平常有無不同。根據研究指出，絕大多數的自殺者在自殺前，都曾透露出線索或警訊。父母若能及早發現，便能及早協助孩子。

感覺（Feeling）	無望感：「事情不可能變好了。」「已經沒有什麼好做的了。」「我永遠都沒有希望。」 無價值感：「沒有人在乎我。」「沒有我，別人會更好。」 持續的憤怒與焦慮、過度的羞恥感和罪惡感、痛恨自己、過度悲傷、害怕等感受。
行為（Action）	如藥物或酒精濫用、暴力行為、反抗行為、逃家、無法專心等。 最近曾經歷失落：如重要他人死亡、離婚、關係破裂，或失去工作、金錢、地位等。
改變（Change）	突然將個人物品或喜愛的東西丟棄。 對於朋友、嗜好、性或以往喜歡的活動失去興趣。 個性改變：更退縮、厭倦、冷漠、猶豫不決，或更為喧鬧、多話、外向。 睡眠：睡太多或失眠，有時候會很早醒來、經常作惡夢。 飲食習慣：沒有胃口或吃得過量、體重減輕。 重要人際關係結束或突然中斷戀愛，突然避開家人及親近的朋友。 經過一段時間的消沉、退縮後，突然情況好轉，憂鬱情緒毫無理由的消失，轉為熱心、積極參與日常活動，但這可能反而是自殺的高危險期。
預兆（Threat）	特別注意與死亡有關的話題。 談論死亡：「希望自己死掉。」「流血流多久才會死？」「沒多久，我就不會在這裡了……」 自殺計畫：安排後事、送走喜愛的物品、設法拿到自殺的用具。

家內性侵

——「不是我的錯，為什麼是我要離開？我才是被懲罰的那個人……」

小淳長得白白淨淨、眉清目秀，看起來乖巧文靜，是個讓人忍不住多看幾眼的孩子。但她彷彿有著滿腹的心事一般，微皺著眉頭，在左手臂內側密密麻麻都是割腕的痕跡。當你想要多關心她一下，小淳總是淡淡微笑著說：「沒事、很好……」

決定將祕密永遠封存

小六的時候，小淳曾經想告訴媽媽家裡發生的事情，但看著媽媽忙碌的身影，每次話到嘴邊又縮回去了。小淳不想講，也因為她不知道講了以後，這個家會變怎樣。

有一次，小淳終於鼓起勇氣，試探性的編了一個謊言，她想知道媽媽的反應。「聽哥哥朋友說，哥哥會偷摸學妹的下面……」

媽媽怒斥小淳：「不要亂講話，你哥哥不可能做那種事情，你聽誰胡說。他每天都很認真念書，還當班長，忙得要死，哪像你考那什麼成績。」

心灰意冷的小淳，決定將這個祕密，永遠封存在心中。

上國中後，小淳開始變得叛逆。**小淳媽媽說的話，讓小淳覺得「沒有人站在我這邊，沒有人覺得我是對的」**。小淳開始蹺家蹺課、抽菸喝酒、交了一個所謂8+9的男朋友。這是小淳的初戀，小淳很喜歡他。他想和小淳上床，但小淳沒有答應。

小淳想了很久，決定告訴他原因。小淳想：「如果他可以接納自己，那我會把全部都給他……」

沒想到當小淳說完以後，他只是皺著眉頭，看著她說：「蛤，原來你早就不是處女了。」小淳原本以為，他是那麼的喜歡自己，不會在乎這些事情，還能和她一起面對，但現在又只剩小淳一個人面對這些鳥事了。

男友的反應讓小淳非常受傷。小淳給他一巴掌說要分手之後，小淳把東西收一收就離開了。走出男友家時，陽光是這麼的燦爛，小淳卻只覺得刺眼。

小淳一時之間不知道她還可以去哪裡，一氣之下，就走進了派出所報案。那天，她被緊急安置。

幾天後，小淳到了安置機構，轉學到新學校。社工帶小淳到身心科就醫，醫師診斷是憂鬱症，開了抗憂鬱和放鬆的藥物給她。

原來，小三時，小淳被舅舅性侵兩次。而小學至少有三年的時間，小淳被大兩歲的哥哥猥褻，因為家裡不大，哥哥和她從小就睡一張床，哥哥常常會摸她。小淳一開始只覺得怪怪的，但因為爸媽工作忙，常常不在家，一直以來都是哥哥照顧她，所以她很信任哥哥。直到有一天上健康教育課，老師說沒有人能隨便碰觸別人的身體，小淳才發覺事情不對勁。

她開始會把哥哥的手撥開，但哥哥威脅她：「那明天我就把門鎖起來，你就不要回家，我還要把你做的壞事跟爸媽說。」小淳只好繼續讓哥哥摸。

假裝自己很好、很開心

小淳被安置、轉學之後，我在輔導室開設的高關懷班第一次見到小淳。小淳的笑聲宏亮，不時夾雜髒話。小淳第一次上課，就和男生笑鬧成一片。

小淳總是笑著跟我說，她很好，沒什麼特別的，就是一天過一天。

談了三個月後，我問小淳是不是已經習慣戴著面具，假裝自己很好、很開心。

小淳反問我：「**我不笑，難道要哭嗎？**同學會問我好好的，幹麼要去輔導室，我也不知道怎麼說。」

小淳說之前的事情都已經過去了，也不需要再想那些事。「這世界本來就不是公平的。」

半年過去了，舅舅和哥哥才剛開庭一次，還要等下一次開庭。小淳沒有期待他們會受到什麼懲罰。**沒有期待，才不會再次受傷。**

小淳會抱怨導師管很多、很機車。機構也是規定一大堆，不能這個、不能那個，外出都要經過同意。用手機也有限制時間，晚餐很難吃，還限制熄燈時間等等。其實，小淳最在意的是她被剝奪了自由——被迫離開家、被迫住在安置機構不能回家、被迫轉學，和原本的好友及父母分開。

小淳不懂：「**為什麼搬家，還有轉學的是我，而不是哥哥？為什麼被處罰的是我？**」我看著她，沒有辦法回答這個問題。很心疼我眼前的這個女孩。

「割腕不夠痛了，還有什麼更痛的方法嗎？」

小淳說，她不想住安置機構，想去住奶奶家。但八下的期末考後，社工判定小淳要在安置機構再待一年。

小淳的情緒變得非常不穩定，好幾次，在班上無法控制的笑著笑著就哭了。在這之前，我沒有看小淳哭過。

小淳說她好像嚇到班上同學了，但哭完之後，她還是跟我說，她很好、沒事，她也不知道自己為什麼就哭了。

不過，這學期小淳開始有意無意的透露出想死的念頭。「或許，我國三的某一天就會死了。」「等一下過馬路可能會被車撞……」

她還問我：「割腕不夠痛了，還有什麼更痛的方法嗎？」

當我認真的和她談死亡，她卻又跟我說：「老師，你幹麼那麼緊張，我就只是說說而已。」

孩子保護自己的方法

假裝沒事、假裝開心，是小淳保護自己的方法。這樣壓抑情緒，也讓我擔心小淳心裡還是有個好大的傷口，但卻假裝它不存在。

隱藏著傷口，對小淳來說，好像比較安全。

我能做的，只是好好陪在小淳身邊，承接她的不甘心和好多複雜的情緒，還有憤怒自由被剝奪。

希望我的存在，能慢慢陪著小淳，重新建立起對人的安全感，讓她感受到被愛、被關心。等到有一天，小淳比較有力量面對那個傷口了，再來談。

外面又在飄雨了，我想到小淳的眼淚。

心理師想說：

家內性侵，是難以言喻、無法說出口的傷痛。因為**對被害人而言，家應該是一個人安全成長且能好好被愛的地方，但卻是傷害最深的地方。**

根據衛生福利部保護服務司的數據，二〇一九年「性侵害事件通報——被害人兩造關係」統計中，被「認識的人」性侵比例高達百分之九十四點五（其中被家庭成員性侵的比例為百分之十五點七），「陌生人」的比例只有百分之五點五。由此發現，性侵很多時候並不是以暴力或脅迫等方式而達成目的，而是利用被害人對加害人的信任而性侵得逞。

通常一般人遇到壓力或危機時會有兩種狀況：戰（fight）或逃（flight），即反抗或逃跑，但被熟識者性侵的被害人可能表現出不同的反應。**因為加害人是被害人信任的人，甚至是照顧者，所以很多時候被害人的反應是困惑和震驚，呈現出凍結（freeze）的反應，意即被害人在當下完全呆住、不知所措，可能連「不」都無法說出口。**

這也讓很多加害者辯解：「她又沒有說不要」，造成被害人的自責以及旁人的不諒解。另外，旁人也有可能幫忙檢討被害人：「你是不是穿著太清涼？」「你平常的行為是不是很隨便，導致容易讓人誤解？」造成**被害人的二度傷害**。

孩子「受到侵犯，為什麼不說出來？」

當家內性侵的被害人是兒少時，我們也常會有個迷思，質疑孩子「受到侵犯，為什麼不說出來？」其實是因為孩子擔心沒有人會相信自己、被責備，或是怕會破壞關係，對其他家人造成傷害而不敢說。

家內性侵俗稱亂倫，是社會中的禁忌。當家人得知此事時，可能會因為害怕失去家中經濟支柱（如父親是加害者），或是在家醜不可外揚的文化下，家人反而試圖掩蓋或無視加害人的行為，而造成孩子更大的傷害。

有些被害人會出現創傷反應，例如哭泣、憤怒、恐懼、焦慮等感受。有些人在當下出現解離的反應，因為發生的過程太痛苦、太可怕，而且無法逃走，所以會想像自己變成旁觀者，或是這就像一場夢而已，而造成記憶上的錯亂，無法明確區辨幻想及現實。

也有些人會隱藏自己的情緒，掩飾自己的脆弱，就像文中的小淳，不管怎樣，總是帶著笑容。因為笑著好像不會那麼痛，好像看起來很好，不需要別人的同情。**「事情都這麼糟了。如果我還哭，那我要怎麼活下去？」**

家內性侵案件通常很複雜

被家內性侵的兒少可能會產生很多身心症狀。在心理層面，感到混亂、焦慮、恐懼、羞愧、自我概念低落、很難再信任他人。行為方面，可能產生退化行為、吃過多或過少、睡眠困難、解離、退縮、衝動行為、自我傷害、物質濫用等狀況。性發展的部分，可能對性變得過度開放，或是排斥任何身體接觸。

家內性侵被害人可能會有矛盾又複雜的感受，例如自責，覺得自己一定是做錯了什麼。被害人可能會對其他家人感到憤怒，覺得他們沒有保護好自己。而被害人和加害人長時間相處在一起，可能也會感到混亂。**「如果他是照顧我、愛我的家人，為什麼會這樣傷害我？」**也因為每天相處在一起，被害人沒有其他地方可以去，長期暴露在危險之中，開始產生習得無助感，覺得自己怎麼樣也逃不了。

家內性侵案件通常很複雜，而且因為被害人年紀小、可能長達數年時間被侵犯、加害者多為直系血親；又**因年紀小，不知道這就是性侵，而沒有開口求助**。而家內性侵案件可能因為證據不齊全、家人試圖隱瞞、兒少因長期受創，導致證詞前後不一或記憶混亂等因素，以至於這類案件的起訴率和定罪率很低，使加害人無法得到應有的制裁。

若孩子遭遇性侵，父母、老師可以怎麼做：

1. 從小落實性教育、身體界線之概念及教導孩子如何保護自己：**父母從小就讓孩子知道「沒有任何人可以隨意觸碰你的身體」**，若遇到危險，一定要在第一時間求救等。
2. 當孩子和其他大人獨處時，不要只問孩子：「有沒有乖乖聽話？」**可以問孩子：「你跟**

叔叔／阿姨在一起玩什麼？叔叔／阿姨跟你說什麼？」具體了解孩子和大人的互動狀況。

3. 若孩子遭遇性侵，可能會產生許多身心狀況。縱使孩子表面看起來沒事，但仍需仔細觀察孩子有無和平常不一樣的地方。
4. 若孩子遭遇性侵，父母應留意自己第一時間的反應，尤其若是家內性侵的狀況，可能會讓父母的情緒非常矛盾及複雜。**建議父母讓自己情緒緩和下來後，再說話或詢問**。因為有時候父母的驚慌失措、憤怒、崩潰或否認，會讓孩子認為自己做錯了什麼或是害怕被責備，進而影響到孩子是否能好好表達所發生的事情。
5. **肯定孩子願意求助，是很勇敢的表現**：孩子不會因為說出來而被罵或被懲罰，讓孩子知道他做了一件非常正確的事。
6. 讓孩子知道你會保護他：提供安全的環境，協助孩子重新建立安全感。陪伴、傾聽、相信孩子說的話，幫助孩子停止自責，以及讓孩子知道「無論如何你都愛他」。

7. 鼓勵孩子說出發生的事情：以溫和的態度、「開放式問句」詢問孩子發生什麼事，不要一下子問太多問題，或過度追問細節。**若孩子第一時間不願意說，尊重孩子的意願，給孩子一點時間及心理準備。**

8. 告知孩子相關流程：例如會去醫院驗傷、做筆錄、開庭等狀況。事前，先讓孩子知道大概會怎麼進行及這樣做的目的，且你都會陪著他，協助孩子建立安全感。

9. **理解每個孩子受創後的反應可能很不同**：例如有的孩子大哭，但有的孩子一滴淚都沒掉；有的孩子變得叛逆，但也有的孩子變得畏縮。每個孩子的反應可能很不一樣，但都需要被大人理解，以及需要大人尊重孩子復原的速度。

10. 尋求專業助人工作者的協助：例如兒少精神科醫師、心理師、社工師等共同合作，一起幫助孩子。

【後記】回憶是人生中的堆肥：過去的「不夠好」，讓你成為獨特的自己

許多念輔導諮商的人，都帶著故事而來。我也不例外。

高中我讀的是第一志願的音樂班，但卻是我人生中最黑暗的三年。國中都是前五名的我，同時考上了第一志願的普通班和音樂班，我選擇了音樂班，卻重重的跌了一跤。

國中時的我以為，成績不好的人就是不認真念書；念了音樂班以後才知道，原來有些事情，不是努力就能成功的。我曾經好好努力，但發現自己就是沒辦法唱得比別人好，聽寫就是寫不出來。主修、副修考試時，緊張到手冒冷汗、全身發抖。那是我第一次，發現原來也有我做不到的事情，習得無助感不斷襲來。

每一次術科的大考、小考——主修、副修、視唱、樂理、聽寫，所有的成績排名都會貼在公布欄上面，我常常是最後幾名。我變得很自卑、畏縮，常常覺得很丟臉。

我的功課還是很好，總是班上前三名，但音樂班，大家重視的是術科啊！我想轉學，但

又放不下書包上「雄中」那大大的兩個字。

失敗＝「我」不好？

因為我的失敗，我開始覺得自己是個學不好、沒有價值的人，覺得別人看不起自己。

我也不願意轉學，因為我一旦轉學，就失去「雄中」這兩個字了。我每天坐火車，從台南通勤到高雄，偶爾會聽到有人竊竊私語的討論著：「為什麼雄中有女生啊？」背著這個書包，就好像代表一種驕傲。**我很害怕因為沒有這兩個字，我就什麼都不是了。**這兩個字，代表了我的價值。

就這樣，我辛苦的撐著。撐了三年，直到畢業。我常常上完主修課，在琴房偷偷哭泣，然後擦乾眼淚，裝作沒事，回去上課。晚上常常哭到睡著。

琴房的地板鋪著稍有霉味和磨損的綠色地毯。畢業後好幾年了，我還是重複做著同一個噩夢。夢中的我，在綠色地毯上狂奔，跑過一間又一間，好像永無止境的琴房，卻怎麼也找不到下樓的路。就像那三年，我怎麼也找不到人生的出口。我想要逃走，卻發現自己身陷其中。

現在回過頭來看這一切，很心疼當時的自己。想溫柔的抱抱那個上完課在琴房哭泣的自己。告訴她：「你辛苦了！」謝謝自己硬是這樣撐著，沒有把這個辛苦告訴任何人。謝謝自己撐了三年畢業，謝謝自己在那麼煎熬的狀態下考完學測、指考，且考得還不錯，考上了台師大教育系和彰師大輔諮系。

我的人生轉了個大彎，我狂熱的栽進了心理學和輔導諮商這片浩瀚無垠的大海，重新找回自己那失落的一角。

後來我才知道，**我會這麼辛苦，是因為我把「成功」和「自我價值」綁在一起了。**在求學過程中，我總是努力用成績證明自己是夠好的、是有價值的、是個值得被愛的人。過了好久好久，我才終於懂得**「別人喜歡我，是因為我就是我，不是因為我做了什麼」**。

我的高中同學K說：「高中的回憶是人生中的堆肥。」我覺得這個譬喻真好。雖然很臭、讓人避之唯恐不及，但卻滋養我們成為不一樣的自己。

另一個高中同學Y說了一段好美的話，她說：「如果沒有那幾年的衝擊和自我懷疑，找尋自己更多的可能，找尋除了演奏外的熱情、目標和夢想，我們就都不會成為現在的自己了。」

如果可以重來，我會對自己好一點，我不會選擇雄中音樂班；但正因為無法重來，我很感謝在我這麼年輕時，有這樣一段讓我摔了重重一跤的旅程。

因為念了雄中音樂班，讓我更能理解個案的苦痛、絕望和掙扎的感受，而更能靠近我的個案；因為念了雄中音樂班，磨掉我的完美主義和傲氣，開始學習接納自己的「不完美」；因為唸了雄中音樂班，讓我在大學選擇了輔導諮商，重新找到我的熱情所在，還遇到了我現在的老公。

本書得以付梓，首先要深深感謝我公婆和先生幫忙照顧孩子，讓我有空檔可以多寫一些。感謝我的父母生我、養育我，讓我感受到什麼是好好被愛。感謝寶瓶文化朱亞君社長兼總編輯和張純玲副總編輯，讓這本書有了生命。每次寄文章給純玲，總能收到純玲細膩又溫暖的回饋，讓我寫作的過程中充滿動力。

感謝在我生命中遇到的每個個案，謝謝你們的信任，是你們豐富了我的生命。

國家圖書館預行編目資料

接住墜落的青少年：我與那些受傷的孩子，及他們不安的家庭／蔡宜芳著. ——初版. ——臺北市；寶瓶文化事業股份有限公司, 2021.04
面；　公分, ——（Catcher；103）
ISBN 978-986-406-233-1（平裝）
1. 青少年問題　2. 青少年心理　3. 家庭輔導
544.67　　110004476

Catcher 103

接住墜落的青少年——我與那些受傷的孩子，及他們不安的家庭

作者／蔡宜芳（諮商心理師）
副總編輯／張純玲

發行人／張寶琴
社長兼總編輯／朱亞君
資深編輯／丁慧瑋　編輯／林婕伃
美術主編／林慧雯
校對／張純玲・陳佩伶・劉素芬
營銷部主任／林歆婕　業務專員／林裕翔　企劃專員／李祉萱
財務／莊玉萍
出版者／寶瓶文化事業股份有限公司
地址／台北市110信義區基隆路一段180號8樓
電話／(02) 27494988　傳真／(02) 27495072
郵政劃撥／19446403　寶瓶文化事業股份有限公司
印刷廠／世和印製企業有限公司
總經銷／大和書報圖書股份有限公司　電話／(02) 89902588
地址／新北市新莊區五工五路2號　傳真／(02) 22997900
E-mail／aquarius@udngroup.com

著作完成日期／二〇二一年一月
初版一刷日期／二〇二一年四月七日
初版四刷日期／二〇二二年十二月二十一日
ISBN／978-986-406-233-1
定價／三五〇元

AQUARIUS 寶瓶文化事業

愛書人卡

感謝您熱心的為我們填寫，
對您的意見，我們會認真的加以參考，
希望寶瓶文化推出的每一本書，都能得到您的肯定與永遠的支持。

系列：catcher 103　書名：接住墜落的青少年——我與那些受傷的孩子，及他們不安的家庭

1. 姓名：＿＿＿＿＿＿＿＿　性別：□男　□女

2. 生日：＿＿＿年＿＿＿月＿＿＿日

3. 教育程度：□大學以上　□大學　□專科　□高中、高職　□高中職以下

4. 職業：＿＿＿＿＿＿＿

5. 聯絡地址：＿＿＿＿＿＿＿＿＿＿＿＿＿＿＿＿＿＿＿＿＿

聯絡電話：＿＿＿＿＿＿＿＿　手機：＿＿＿＿＿＿＿＿

6. E-mail信箱：＿＿＿＿＿＿＿＿＿＿＿＿＿＿＿

□同意　□不同意　免費獲得寶瓶文化叢書訊息

7. 購買日期：＿＿年＿＿月＿＿日

8. 您得知本書的管道：□報紙／雜誌　□電視／電台　□親友介紹　□逛書店　□網路　□傳單／海報　□廣告　□其他

9. 您在哪裡買到本書：□書店，店名＿＿＿＿＿　□劃撥　□現場活動　□贈書　□網路購書，網站名稱：＿＿＿＿＿＿　□其他＿＿＿＿＿

10. 對本書的建議：（請填代號　1. 滿意　2. 尚可　3. 再改進，請提供意見）

內容：＿＿＿＿＿＿＿＿＿＿＿＿

封面：＿＿＿＿＿＿＿＿＿＿＿＿

編排：＿＿＿＿＿＿＿＿＿＿＿＿

其他：＿＿＿＿＿＿＿＿＿＿＿＿

綜合意見：＿＿＿＿＿＿＿＿＿＿＿＿＿＿＿＿＿＿＿＿＿＿＿＿＿

11. 希望我們未來出版哪一類的書籍：＿＿＿＿＿＿＿＿＿＿＿＿＿＿＿

讓文字與書寫的聲音大鳴大放

寶瓶文化事業股份有限公司

（請沿此虛線剪下）

廣　告　回　函
北區郵政管理局登記
證北台字15345號
免貼郵票

寶瓶文化事業股份有限公司收

110台北市信義區基隆路一段180號8樓

8F,180 KEELUNG RD.,SEC.1,

TAIPEI.(110)TAIWAN R.O.C.

（請沿虛線對折後寄回，或傳真至02-27495072。謝謝）